Jutta Nather

# Das hatte
# ich aber
# ganz anders
# verstanden ...

**Kommunikation verstehen
und beherrschen**

Ein praktischer Leitfaden

Harald und Tony:
Danke für eure Unterstützung und Geduld

© 2005  – Jutta Nather
Herstellung und Verlag: Books on Demand GmbH,
Norderstedt
Illustrationen – Robin Bangel
Umschlaggestaltung, Satz, Layout – KAMPE-PR, Berlin

ISBN 3-8334-2252-1

*Bibliografische Information der Deutschen Bibliothek:*
*Die Deutsche Bibliothek verzeichnet diese Publikation in der*
*Deutschen Nationalbibliografie; detaillierte bibliografische Daten*
*sind im Internet über http://dnb.ddb.de abrufbar*

# Gebrauchsanleitung

Liebe Leserin, lieber Leser,
Sie haben ein Buch in der Hand, das in über vierzehn Jahren
Trainertätigkeit gereift und gewachsen ist.

Durch permanente Rückkoppelung mit den Teilnehmern meiner
Seminare entstand ein Buch, das eine praktische Unterstützung für
Ihren „Kommunikations-Alltag" sein will. Hier sind die wichtigsten
und praktikabelsten Ansätze zusammengefasst, immer verbunden
mit Hinweisen zur praktischen Umsetzung und Anwendung sowie
Vorschlägen zum Üben. Dabei waren mir Kürze und Verständlich-
keit wichtiger als wissenschaftlicher Anspruch und Vollständigkeit –
manchen Ansatz habe ich im Lauf der jahrelangen Seminarer-
fahrungen verändert und angepasst.

Doch Achtung: Sie sind gerade dabei, neu über Kommunikation
nachzudenken und Dinge auszuprobieren, die Ihnen bisher
fremd waren. Machen Sie es doch bitte auch hier wie mit allem,
was Sie neu lernen: Üben Sie zuerst „auf dem Trockenen", das
heißt in Situationen, die für Sie gefahrlos und unschädlich sind,
also beim Einkaufen, im Urlaub, in der Autowerkstatt, auf Festen
und beim Fernsehen (da können Sie alle Varianten von Kommunikation beobachten, ohne einen merkwürdigen „Gesprächs-
Beobachter" abzugeben). Und erst, wenn Sie sich sicherer fühlen,
probieren Sie Ihre neuen Kenntnisse in „ernsten" Situationen aus.
Sie werden dabei Erfahrungen sammeln, die nicht alle immer
gleich von Erfolg gekrönt sein werden... Schwimmen haben Sie
schließlich auch erst im flachen Wasser gelernt und sind nicht
gleich zu Beginn vom Zehn-Meter-Brett ins Tiefe gesprungen,
oder?

Die Veränderung unseres Kommunikationsverhaltens ist oft langwieriger als allgemein angenommen wird – wir reden hier nämlich von jahr(zehnt)elang gewachsenen Gewohnheiten! Erst letzte Woche erzählte mir ein Seminarteilnehmer, er sei drei Monate nach unserem Kommunikationsseminar noch vollauf damit beschäftigt, diese spannenden Aspekte bewusst wahrzunehmen – von praktischer Umsetzung ins Handeln noch keine Spur...

Auch deshalb ist das Buch so aufgebaut, dass Sie jedes einzelne Kapitel für sich lesen, verstehen und anwenden können. Dadurch wird die Wahrscheinlichkeit einer erfolgreichen Umsetzung wesentlich größer, als wenn Sie das ganze Buch lesen und dann gar nicht mehr wissen, wo Sie vor lauter guten Ideen anfangen sollen!

**Daher folgende Bitte:** Sofern Sie das Buch nicht schon mit einer konkreten Frage oder einem bestimmten Interesse aufschlagen:

• gucken Sie sich das Inhaltsverzeichnis an und
• entscheiden Sie sich, mit welchem Kapitel Sie anfangen möchten;
• beschäftigen Sie sich intensiv mit diesem einen Aspekt,
• lassen Sie ihn auf sich wirken (glücklicherweise denkt unser Gehirn auch dann, wenn wir es nicht extra dazu auffordern) und
• nehmen Sie bewusst wahr, was Ihnen bei sich und anderen auffällt,
• anschließend beginnen Sie dann in kleinen Schritten mit der Umsetzung der neuen Ideen in Ihr Verhalten;
• und erst, wenn dieses Neue fest in Ihr Leben integriert und völlig normal geworden ist, nehmen Sie sich ein anderes Kapitel vor und verfahren damit genau so.

Dadurch erhöhen Sie den praktischen Nutzen Ihrer Lektüre um ein vielfaches gegenüber denen, die einen solchen Leitfaden quasi verschlingen, vieles interessant finden und wieder erkennen und dann doch nichts anders machen als vorher...

Eine Anmerkung zur geschlechtsneutralen Sprache: Ich habe so oft wie möglich so formuliert, dass Frauen und Männer sich gleich angesprochen und vertreten fühlen können, manchmal beide Gruppen explizit erwähnt – und auch wenn ich im Interesse der Lesbarkeit die männliche Form benutzt habe, meine ich doch fast immer uns alle.

Wenn Sie Fragen oder Kommentare zu dem Buch haben, wenn Ihnen etwas besonders gut gefällt oder Sie stört, lassen Sie es mich doch wissen!

Ich freue mich, von Ihnen zu hören unter kontakt@juttanather.de.

Und jetzt: Viel Spaß und Erfolg bei Ihren Abenteuern mit bewusst wahrgenommener und gestalteter Kommunikation!

Ihre

Jutta Nather

# KAPITEL 1

# GRUNDANNAHMEN DER KOMMUNIKATIONSTHEORIE

oder

- warum wir gar nicht anders können als zu kommunizieren – ob wir wollen oder nicht

- wieso Schuldzuweisungen oft überflüssig sind – und wenig hilfreich

- wie die Art und Qualität unseres Kontaktes unser Verständnis beeinflusst

# KOMMUNIKATION: VIER GRUNDANNAHMEN

Kommunikation findet auf verschiedenen Kanälen statt: über Sprache, Körperhaltung, Tonfall, Blickkontakt, Sprechtempo, Lautstärke, Pausen, Körperbewegungen, Grimassen usw.

Anhand dieser Aufzählung wird schnell deutlich, was mit der ersten Grundannahme gemeint ist:

## 1. MAN KANN NICHT NICHT KOMMUNIZIEREN.

Stellen Sie sich bitte folgende Situation vor, als Beispiel:
*Lisa und Lutz streiten sich, wer das Geschirr abwaschen soll.*

| | |
|---|---|
| Lisa: | *Wäschst Du ab?* |
| Lutz: | *(brummt vor sich hin)* |
| Lisa: | *Ob Du mal abwäschst, habe ich gefragt?!!* |
| Lutz: | *Muss das sein?* |
| Lisa: | *(verdreht nur kopfschüttelnd die Augen)* |
| Lutz: | *Wieso antwortest Du mir denn jetzt nicht?* |
| Lisa: | *Stell Dich doch nicht blöder als Du bist!* |
| | *...* |
| | *...* |

Sie können sich bestimmt auch mehrere Varianten vorstellen, wie dieses Gespräch weiter geht.

Für unsere erste Grundannahme ist im Moment nur wichtig, dass die beiden unausgesetzt miteinander kommunizieren – ob nun mit Worten oder deren Fehlen, durch Mimik oder Tonfall.

Selbst wenn einer von beiden kommentarlos aus dem Zimmer oder gar der Wohnung ginge, wäre darin eine Information enthalten, nämlich: „Ich möchte die Auseinandersetzung an dieser Stelle abbrechen".

Ob das gelingt, hängt wiederum vom Gegenüber ab, was uns zur zweiten Grundannahme führt:

## 2. JEDE ÄUSSERUNG IST URSACHE UND WIRKUNG ZUGLEICH.

Jede Äußerung ist sowohl Auslöser als auch Reaktion – eine wichtige Feststellung, wenn mal wieder die beliebte „Schuldfrage" geklärt werden soll, wer denn nun die Stimmung verdorben hat.

Klar, Sie können sagen, Lisa habe mit dem Abwaschthema dieses Gespräch erst eingeleitet – nur warum fühlt sie sich dazu veranlasst? Vielleicht weiß sie aus Erfahrung, dass Lutz unaufgefordert keinen Teller in die Hand nehmen würde.

So gesehen, hätte Lutz ihre Einleitungsfrage bewirkt, indem er gestern und vorgestern das schmutzige Geschirr kommentarlos übersehen hat, und diese gemeinsame (Vor-)Geschichte führt zur dritten Grundannahme:

## 3. JEDE ÄUSSERUNG HAT EINEN INHALTS- UND EINEN BEZIEHUNGSASPEKT.

Dabei bestimmt die Beziehung zwischen den Beteiligten, wie der Inhaltsaspekt aufgenommen wird, wobei selbstverständlich auch die nicht-sprachlichen Signale wie Tonfall, Lautstärke sowie Mimik und Gestik eine große Rolle spielen.

Ein anderes Beispiel zur Verdeutlichung: Eine Frau zur anderen auf einem Fest...

Diese Frage kann – je nach dem Verhältnis der beiden Frauen – so ziemlich alles bedeuten: von einer interessierten Sachfrage über ein bewunderndes „Auch-haben-wollen" bis zur spitzen Unterstellung, dass die andere sich offenbar nicht mal echten Schmuck leisten kann. Auch die Vermutung, die „Perlenträgerin" verfüge über dubiose Einnahmequellen, liegt im Bereich des Möglichen – eben je nach Beziehung der Kommunikationspartnerinnen.

Die so Befragte wird unterschiedlich reagieren, je nachdem, wie sie die Frage auffasst, was zur vierten Grundannahme führt:

### 4. ENTSCHEIDEND IST NICHT, WAS A SAGT, SONDERN WAS BEI B ANKOMMT.

Dieser Punkt ist insofern tückisch, als wir demnach mit der Reaktion leben und umgehen müssen, die wir ausgelöst haben – ob wir wollen oder nicht, denn: Gefühle und Reaktionen lassen sich nicht wegdiskutieren.

Auch geht es hier nicht um Wahrheit oder ähnliches, sondern jeder Mensch reagiert auf das, was er wahrgenommen hat – mit allen Filtern, Unaufmerksamkeiten, Verzerrungen.

Wenn also Ihr Gegenüber anders reagiert, als Sie erwartet haben, müssen Sie sich als Sender „an die eigene Nase fassen", um aufzuklären, welcher Ausdruck oder Unterton die unerwartete Reaktion ausgelöst haben könnte. Das setzt natürlich Interesse sowohl an der Person des Gegenübers wie auch an der Vermeidung von Missverständnissen voraus.

Auch hier reicht es im Zweifelsfall nicht, sich auf den beliebten Satz zurückzuziehen „DAS habe ich doch SO gar nicht gesagt"...

Also:

1. Sobald mindestens zwei Personen zusammen sind, kommunizieren sie - ob sie wollen oder nicht.
2. Dabei gibt es keinen Anfang und kein Ende - jede Äußerung ist Ursache und Wirkung zugleich.
3. Jede Äußerung hat einen Inhalts- und einen Beziehungsaspekt - und letzterer entscheidet, was das Gegenüber versteht.
4. Entscheidend ist, was beim Anderen ankommt, denn seine Reaktion bestimmt den weiteren Gesprächsverlauf.

Für das Berufsleben sind diese Grundannahmen genau so interessant wie für unseren Alltag: Sie können uns helfen, unsere Gesprächspartner und auch Gesprächssituationen besser zu verstehen, indem wir sie genauer wahrnehmen und ernst nehmen, was uns auffällt.

• So lehrt uns die erste Grundannahme, dass auch eine längere Pause in einer Verhandlung oder einem Gespräch keine Unterbrechung der Kommunikation bedeutet, eher im Gegenteil: Wenn wir beobachten, dass unser Gesprächspartner schweigend die Stirn runzelt, gibt es die Möglichkeit der Nachfrage, ob wir noch Zusatzinformationen geben können, eventuelle Unklarheiten aufklären helfen, u.ä.

• Die zweite Grundannahme bedeutet für ein Gespräch z.B. mit Kollegen, dass jede unserer Äußerungen auf unterschiedlichen kommunikativen Kanälen eine Reaktion beim Gegenüber auslösen kann – nämlich, wenn er oder sie etwas wahrnimmt und auf sich bezieht. Das Gespräch beginnt eben nicht erst in dem Moment, wo z.B. die Unterlagen auf dem Tisch liegen...

- Wenn wir auch im Arbeitsbereich davon ausgehen, dass (fast) jede Äußerung einen Inhalts- und einen Beziehungsaspekt (dritte Grundannahme) besitzt, dann spielt das besonders im Hinblick auf die Gesprächsatmosphäre eine große Rolle: Kennen Sie ihren Geschäftspartner und seinen Humor gut genug, können Sie auch knifflige Situationen z.B. mit einer ironischen Nebenbemerkung entkrampfen – was sich bei einem Ihnen völlig fremden Gegenüber leicht als „Bumerang" erweisen kann!

- Die vierte Grundannahme bedeutet für den Kontakt zuallererst, dass es für Sie nicht darum gehen kann, Recht zu haben oder zu behalten: Wenn Ihr Gesprächspartner etwas anderes versteht als Sie ihm mitteilen wollten, ist es eine Selbstverständlichkeit, zunächst in einem freundlichen Ton die Verantwortung für das Missverständnis zu übernehmen und mit anderen Worten zu wiederholen, was Sie sagen wollten.

Wenn Sie stattdessen etwa mit „da haben Sie mich aber missverstanden" anfangen und dann darüber diskutieren, dass Sie sich perfekt ausgedrückt haben und der andere wohl offenbar nicht in der Lage war, zu begreifen, gibt er Ihnen vielleicht schlussendlich sogar Recht – aber die Beziehung zu dieser Person ist höchstwahrscheinlich dauerhaft gestört.

## Praktische Übungen

❏ Versuchen Sie einmal, in einer beliebigen, aber unwichtigen Situation mit anderen Menschen, *nicht* zu kommunizieren: Halten Sie Ihre Mimik möglichst neutral, vermeiden Sie Gesten und sprechen Sie nicht. Wie reagieren Ihre Mitmenschen darauf?

| Datum | Was getan? | Ergebnis: | Wie weiter? |
|---|---|---|---|
| Beispiel: 24.1.04 | Neutrales Gesicht gemacht, als Bekannter von seinem Wochenende erzählt hat | Er hat verunsichert gefragt, ob mich das nicht interessiert | Ob ich das wiederhole, wenn mir ein Unsympath ein Gespräch aufdrängen will? |
| | | | |
| | | | |
| | | | |
| | | | |

❏ Benutzen Sie ganz bewusst den gleichen Satz bei verschiedenen Personen, um zu prüfen, welchen Einfluss die Beziehung zwischen Sender und Empfänger auf das Verständnis der Botschaft und die Reaktion darauf hat: Selbst „schönes Wetter heute, nicht?" wird bei unterschiedlichen Gesprächspartnern zu einer erstaunlichen Auswahl an Reaktionen führen.

| Datum | Was getan? | Ergebnis: | Wie weiter? |
|---|---|---|---|
| Beispiel: Oktober 2004 | Verschiedenen Leuten erzählt, ich hätte gern mehr Geld | Mutter macht sich Sorgen; Kumpel bietet Bier an; Vorgesetzter fragt, ob ich mich weg bewerbe | Künftig überlegen, wem ich was erzähle – und was das Thema für mein Gegenüber für eine Bedeutung hat |
|  |  |  |  |
|  |  |  |  |
|  |  |  |  |
|  |  |  |  |

❑ Betrachten Sie eine beliebige Auseinandersetzung – sei es im richtigen Leben oder im Fernsehen – unter dem Gesichtspunkt, was wer wie angefangen hat. Versuchen Sie, herauszufinden, wer „schuld" ist – und fragen Sie sich im nächsten Schritt, warum diese Person sich wohl so verhalten hat. So bekommen Sie schnell ein Gefühl dafür, warum „jede Äußerung Ursache und Wirkung zugleich" ist.

| Datum | Was getan? | Ergebnis: | Wie weiter? |
|---|---|---|---|
| 15.7.04 | Streitende Kinder auf dem Spielplatz beobachtet | Beide behaupten, die Gegenseite habe angefangen | Wenn ich weit genug zurück gehe, finde ich immer noch eine Begründung für mein Verhalten in der Vergangenheit – kann ich auch lassen |
| | | | |
| | | | |
| | | | |
| | | | |

❑ Erinnern Sie sich an die letzte Situation, in der jemand auf eine beliebige Äußerung völlig anders reagiert hat als Sie angenommen haben. Woran lag das Ihrer Ansicht nach? Was hatten Sie als Sender in dieser Situation gemeint, und was hat der Empfänger gehört und worauf hat er reagiert?

| Datum | Was getan? | Ergebnis: | Wie weiter? |
|---|---|---|---|
| 17.3.04 | Kollegen nach Uhrzeit gefragt – angebrüllt worden | Fühlte sich bedrängt, was ich nicht wollte | Nächstes Mal genauer hin gucken, ob jemand unter Druck steht, bevor ich sie oder ihn behellige |
| | | | |
| | | | |
| | | | |
| | | | |

**Falls Sie sich von den vorherigen Tabellen zu sehr eingeschränkt fühlen, notieren Sie doch hier Ihre Erfahrungen und Eindrücke – damit Sie wissen, wo Sie beim nächsten Mal ansetzen, was Sie beibehalten und was Sie ändern möchten:**

# KAPITEL 2

# GRUNDEINSTELLUNGEN GEGENÜBER MENSCHEN

oder

- wie Sie Grundeinstellungen einschätzen lernen
  - bei sich selbst und
  - bei anderen

- wie Sie die Herablassung anderer auf deren Grundeinstellung beziehen – statt auf Ihre eigene

- welche Wege es zu einer angenehmen und hilfreichen Grundeinstellung gibt

## GRUNDEINSTELLUNGEN GEGENÜBER MENSCHEN

Thomas Harris hat vor über dreißig Jahren in seinem weltberühmten Buch „Ich bin o.k. – du bist o.k." die Transaktionsanalyse weiter entwickelt. Unter anderem beschäftigte er sich mit den Grundeinstellungen anderer gegenüber, die jeder Mensch mit sich herumträgt und die sein Handeln und Verhalten beeinflussen. Je nach Situation und persönlicher Verfassung (z.B. unter Stress) können verschiedene Einstellungen sichtbar werden, aber meist überwiegt über längere Lebensphasen hinweg eine, solange sie unbewusst bleibt.

Jeder Mensch hat von sich selbst entweder die Grundannahme „Ich bin o.k." oder „Ich bin nicht o.k." – ebenso anderen Personen gegenüber die Grundannahme „Du bist o.k." oder „Du bist nicht o.k.". Aus diesen Grundansichten gibt es vier Kombinationsmöglichkeiten, die im folgenden dargestellt sind:

- „Ich bin nicht o.k., du bist o.k." ist die vielleicht am stärksten verbreitete Grundeinstellung, die unüberprüft aus der normalen Kindheitserfahrung erwächst „ich bin klein und hilflos und du bist groß und stark und kannst so viel...". Das ist ein fruchtbarer Boden für Kritikempfindlichkeit und Unsicherheit. Auch Autoritätshörigkeit und Regelgläubigkeit gedeihen hier gut, denn das Grundgefühl ist: „Ich bin dir gegenüber minderwertig.".

- „Ich bin o.k., du bist nicht o.k." findet sich häufig bei Menschen, die als Kind misshandelt wurden und sich in sich selbst zurückzogen, um (über-) leben zu können. Ihr künstlich aufgebautes Ego ist schwer zugänglich – ebenso wie ihr herablassendes und rücksichtsloses Verhalten anderen gegenüber, das auszudrücken scheint: „Ich bin dir gegenüber mehr wert.".

Hier kommt keiner durch!

- „Ich bin nicht o.k., du bist nicht o.k." entspricht einer depressiven Grundhaltung, in der alle und alles schlecht, sinn- und nutzlos ist. Solche Menschen verbreiten um sich Schwere, Resignation und Energielosigkeit, gespickt entweder mit seufzendem Schweigen oder Totschlagargumenten. Botschaft: „Du bist genauso minderwertig wie ich.".

- „Ich bin o.k., du bist o.k." ist die einzig wirklich konstruktive Grundeinstellung – sowohl uns als auch anderen gegenüber. Zu ihr können wir uns bewusst entscheiden: Sobald wir in der Lage sind, uns mit unserer Erziehung und Geschichte auseinander zu setzen, haben wir die Wahl, immer weiter in den alten Mustern zu bleiben – oder uns klar zu machen, dass wir in Ordnung sind, mit Stärken und Schwächen, Fehlern und Macken, aber o.k. Von diesem stärker werdenden Stand aus fällt es viel leichter, auch andere neben uns als gleichwertig zu akzeptieren, von ihren Stärken auszugehen und davon zu profitieren: „Wir sind beide gleich VIEL wert."!

*Wozu ist ein solches Modell gut?*

Zunächst mal können Sie sich fragen, in welchem „Kästchen" Sie selbst womöglich am häufigsten sind, das heißt: Unsere Grundeinstellungen können jederzeit wechseln und tun das auch oft, so lange wir Rückmeldungen wie Anerkennung und Kritik aus unserer Umgebung wahr- und ernst nehmen.

Beispiel: *Ein Mensch, der von seiner Umgebung häufig hört, dass er sympathisch ist und gute Arbeit macht, wird sich auf Dauer schwer tun, sich in einem der linken Felder (in der grafischen Darstellung weiter unten) aufzuhalten. Falls doch, könnte das ein Hinweis auf eine Art depressiver Erkrankung sein, die genau so behandelbar ist wie eine Grippe.*

Wenn wir außerdem häufig mit herablassenden, arroganten und unnahbaren Menschen zu tun haben, werden wir uns darüber eventuell ständig aufregen, ärgern, dieses Verhalten persönlich nehmen und uns womöglich die Zähne daran ausbeißen.

Wenn wir dagegen das Modell des „Ich bin o.k., du bist o.k." anwenden, können wir uns viel eher innerlich zurück lehnen und bei uns denken „och guck mal, wieder so ein armer Mensch, der es nicht anders hin kriegt... muss der das nötig haben/viel Unerfreuliches erlebt haben, dass er sich so einkapseln muss" oder ähnliches. Das ist für den eigenen Energie- und Stimmungshaushalt wesentlich verträglicher als sich „jeden Schuh anzuziehen".

Die interessanteste Frage ist natürlich, wie Sie es schaffen, möglichst viel Zeit Ihres Lebens in dem angenehmen Zustand „ich bin o.k., du bist o.k." zuzubringen.

Das hat viel mit Selbstwertgefühl zu tun, ohne Einbildung und Herablassung: Jeder Mensch, der sich bewusst ist, dass sie/er – für sich und andere – einen Wert hat, kann andere viel eher in ihrem persönlichen So-Sein erkennen und akzeptieren.

Manchmal konzentrieren sich solche Menschen auch bewusst darauf, was an anderen anziehend und erfreulich ist, statt sich gleich auf die Suche nach Fehlern und Mängeln zu begeben, wie es Menschen mit einer der anderen drei Grundeinstellungen häufig aus verschiedenen Gründen tun.

Bleibt die Frage, woher Menschen, die nicht genug haben, mehr Selbstwertgefühl beziehen: Nehmen Sie Herausforderungen an, statt sie abzuwehren, stecken Sie Ihre persönlichen Ziele immer ein bisschen höher als das bereits Erreichte, trauen Sie sich an Neues, auch wenn es Ihnen erst mal Angst macht, zu versagen... Jedes erreichte Ziel, jede erfüllte neue Anforderung, jedes gelöste Problem unterstützt Ihr Selbstwertgefühl – und ebnet damit den Weg zum „Ich bin o.k., du bist o.k.".

## Grundeinstellungen gegenüber Menschen (nach Thomas Harris)

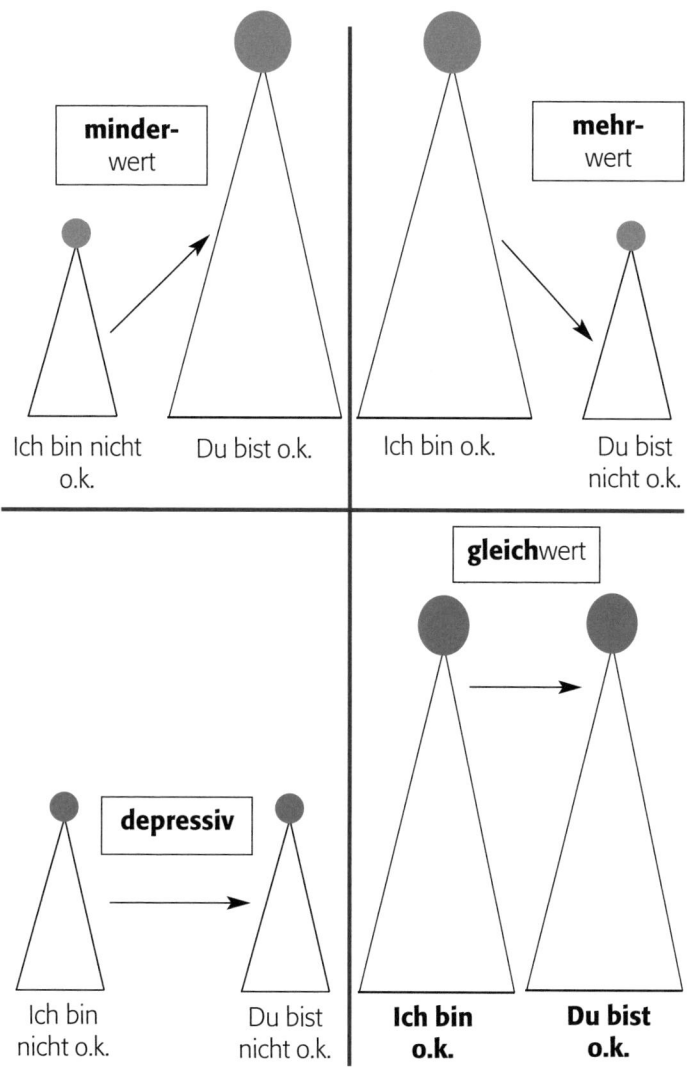

Im Gegensatz zu den übrigen Grundeinstellungen ist die Variante „Ich bin o.k. – du bist o.k." eine bewusste Entscheidung, die wir jederzeit treffen können: So wird unsere Zusammenarbeit mit anderen in jeder Hinsicht leichter und erfolgreicher.

## Praktische Übungen

- Überlegen Sie einmal, in welchem der vier beschriebenen Kästchen Sie sich am meisten zuhause fühlen – und woran das liegt: Welche Erfahrungen, Rückmeldungen und Glaubenssätze liegen dem zugrunde?

- Vor allem, wenn Sie sich öfter in einer „Ich bin o.k., du bist nicht o.k."-Einstellung finden, sollten Sie nachdenken, denn dann sind Sie wahrscheinlich nicht nur für Ihre Umgebung eine ziemliche Herausforderung, sondern fühlen sich auch selbst nicht wirklich wohl in Ihrer Haut: Was nützt Ihnen diese Haltung Ihren Mitmenschen gegenüber – und bringt sie Ihnen wirklich die Ergebnisse, die Sie sich wünschen?

- Im nächsten Schritt können Sie einschätzen, wie wohl Sie sich in dieser Grundeinstellung fühlen.

❑ Wenn Sie finden, es könnte Ihnen mit einer veränderten Grundeinstellung besser gehen, denken Sie doch darüber nach, welche Maßnahmen Sie ergreifen könnten:

– Gespräche mit Vertrauten
– bewusste Beobachtung von Menschen, denen es in dieser Hinsicht offenbar besser geht als Ihnen
– Entscheidungen über kleine Herausforderungen, deren Bewältigung Ihnen gut tun könnte
– ...

– ...

– ...

– ...

Platz für Ihre Notizen

| Datum | Was getan? | Ergebnis: | Wie weiter? |
|---|---|---|---|
| Beispiel: 27.4.04 | Meiner Freundin von meinem „ich bin nicht o.k. – und die anderen auch nicht" erzählt | Erfahren, dass sie solche Phasen auch kennt – und was sie alles an mir o.k. findet | Das würde ich wieder tun, wenn ich mich schlecht fühle – allerdings nur bei ihr |
|  |  |  |  |
|  |  |  |  |
|  |  |  |  |
|  |  |  |  |

❑ Wenn Sie mit sich im Reinen sind, könnte es interessant sein, sich Gedanken über andere zu machen, zum Beispiel Menschen, die so betont stark, überheblich und unnahbar auftreten... Wo sehen Sie gesundes Selbstwertgefühl – und wo eine mehr oder minder verzweifelte Fassade?

| Datum | Was getan? | Ergebnis: | Wie weiter? |
|---|---|---|---|
| Beispiel: 2.9.04 | Mein Chef stürmt wutschnaubend in mein Büro – und zieht wieder ab, als er sieht, dass ich Besuch habe | Wäre er sich nur halb so sicher, wie er tut, hätte er mich kurz raus bitten können | Künftig lasse ich mich nicht mehr so leicht verschrecken, wenn er die Tür aufreißt |
| | | | |
| | | | |
| | | | |
| | | | |

**Falls Sie sich von den vorherigen Tabellen zu sehr eingeschränkt fühlen, notieren Sie doch hier Ihre Erfahrungen und Eindrücke – damit Sie wissen, wo Sie beim nächsten Mal ansetzen, was Sie beibehalten und was Sie ändern möchten:**

# KAPITEL 3

# GRUNDLAGEN VERBINDENDER GESPRÄCHSFÜHRUNG

oder

- wie Sie Gespräche positiv gestalten,

- Formulierungsfallen vermeiden und

- Ergebnisse festhalten können

## GRUNDLAGEN VERBINDENDER GESPRÄCHSFÜHRUNG

Gespräche nehmen einen großen Teil unserer Zeit in Anspruch – sowohl im Arbeitsbereich als auch im privaten Umfeld, telefonisch oder Auge in Auge. Insbesondere wenn wir selber das Gespräch suchen, verfolgen wir bestimmte Interessen: Wir möchten beispielsweise...

• einen Kontakt herstellen oder pflegen
• Gesprächsbereitschaft beweisen oder erzeugen
• Informationen weitergeben oder einholen
• Verständnis des anderen spüren oder ihm unseres zeigen
• Unterstützung geben oder erhalten

Diese Liste lässt sich noch unendlich fortsetzen und erhebt auch gar keinen Anspruch auf Vollständigkeit. Vielmehr soll sie deutlich machen, dass wir im Normalfall immer ein Ziel mit einem Gespräch verfolgen – andernfalls würden wir unsere Zeit verschwenden.

Eine Grundlage konstruktiven Gesprächsverhaltens besteht damit in der Zielorientierung auf der Basis vorheriger Überlegungen: Sie überlegen sich vor fast jedem Gespräch, wozu Sie es führen, was Sie damit erreichen wollen und welche Konsequenzen es haben kann oder soll.

Die darauf verwendete Zeit sparen Sie durch das strukturierte Gespräch wieder ein – für Ihren Gesprächspartner und sich: Er wird es zu schätzen wissen, dass Sie auch mit seiner Zeit sorgfältig und respektvoll umgehen.

Wenn wir uns bewusst sind, dass wir von allen Gesprächen auch etwas haben wollen, sonst brauchten wir sie nicht zu führen, dann übernehmen wir automatisch aktiv Verantwortung für das Gelingen unseres Vorhabens.

Grundlagen konstruktiver Gesprächsführung gelten zunächst für alle Arten von Gesprächen, auch wenn es Unterschiede in der Bedeutung gibt. Sie umfassen vier zentrale Aspekte:

1. positive Grundhaltung

2. bewusste Wortwahl

3. konzentriertes Zuhören

4. Notizen zu Ergebnissen

### 1. Positive Grundhaltung

Negativ-Beispiel:

> *Sie kommen pünktlich zu einem vereinbarten Gespräch. Ihr Gesprächspartner wühlt auf seinem Schreibtisch herum, grüßt kaum, guckt ständig auf die Uhr...*
>
> *Wie fühlen Sie sich? Welche Ideen entwickeln Sie über das anstehende Gespräch und seine Bedeutung für Ihren Gesprächspartner?*

Um solche Situationen für Ihre Gesprächspartner zu vermeiden, ist es hilfreich, bewusst eine positive Grundhaltung zum jeweiligen Gespräch zu zeigen.

Das bedeutet im einzelnen:

## • ausreichend Zeit für das Gespräch einplanen

Überlegen Sie für sich und womöglich mit Ihrem Gegenüber im Vorfeld, wie viel Zeit Ihr Thema in Anspruch nehmen wird:

Allen Beteiligten sollte der Zeitrahmen bekannt sein, um böse Überraschungen zu vermeiden, wenn jemand am Ende noch Fragen hat, für die dann aber weder Zeit noch Konzentration zur Verfügung stehen.

## • sich voll auf das Gespräch konzentrieren

Sie sollten es vermeiden,andere Dinge nebenher zu tun – sei es zu kritzeln, auf einen Bildschirm zu schielen oder nach anderen Unterlagen auf Ihrem Schreibtisch zu suchen.

## • eventuelle Störungen von vornherein nach Möglichkeit ausschließen

Dieser Punkt bezieht sich insbesondere auf Telefonate und Besuche. Beides sollte möglichst ausgeschlossen werden, sei es durch ein Ampel-Schild an der Tür, eine Telefonumleitung oder die gezielte Nutzung eines Besprechungsraums.

Sollte Ihr Telefon während des Gesprächs klingeln, ignorieren Sie es bitte nicht in der Annahme, so besonders höflich und zugewandt zu wirken.

Im Gegenteil: Ihr Gegenüber fragt sich wahrscheinlich, wer da anruft, warum Sie nicht ran gehen – und ob Sie das gleiche tun werden, wenn sie oder er das nächste Mal anruft.

Statt dessen entschuldigen Sie sich kurz, nehmen das Telefonat an und vertagen auf später, da Sie im Gespräch sind.

### • Aufgeschlossenheit an den Tag legen

Das beginnt mit zugewandter Körperhaltung, viel Blickkontakt und einem offenen, also zumindest neutralen Gesichtsausdruck. Dazu kommen interessierte Fragen, auch zum Verständnis von Aspekten, die Ihnen neu sind.

### • gute Umgangsformen zeigen

Auch Stil, Umgangsformen und Verhalten prägen eine Gesprächssituation. Deshalb:

Wenn Sie Besuch bekommen,
• gehen Sie ihr oder ihm entgegen,
• nehmen Sie Blickkontakt auf und lächeln,
• heißen Sie den Besuch willkommen,
• bieten Sie einen Platz und
• etwas zu trinken an
• erkundigen Sie sich nach dem Befinden oder
• ob Ihr Besuch gut zu Ihnen gefunden hat
• und dann machen Sie sich langsam ans gemeinsame Gespräch (vorausgesetzt, Sie haben genug Zeit eingeplant – wie weiter oben beschrieben...)
• ...
• ...
• ...
• ...
• ...

Platz für Ihre Notizen

### • von jedermanns Recht auf eigene Sichtweise und eigene Logik ausgehen

Sie kennen vielleicht die Geschichte der vier Menschen, die mit einem Objekt in einem völlig dunklen Raum beschäftigt sind: jede/r tastet, was das Zeug hält, und berichtet anschließend von den gemachten Erfahrungen. Von einem „großen, rauen Lappen" ist ebenso die Rede wie von einer „dicken Säule", „einem biegsamen Rohr" und einer „Schnur mit Quaste am Ende" – und das soll ein und dasselbe Objekt sein?

Durchaus – denn je nachdem, wo wir einen Elefanten anfassen, werden wir ganz unterschiedliche Dinge wahrnehmen... Da hilft es nicht, sich gegenseitig als verrückt oder blind zu bezeichnen: Jeder Mensch hat seine eigene Wahrnehmung aller Dinge, Ereignisse und Gegebenheiten. Dieser Tatsache Rechnung zu tragen, indem Sie sich für die Sichtweise und Logik Ihres Gegenüber interessieren, hilft dem Gespräch wesentlich weiter, als die Abwertung von Gedanken und Eindrücken, die Sie nicht teilen oder auf die Sie schlicht noch nicht gekommen sind.

### • den Gesprächspartner und seine Interessen bewusst wahrnehmen und respektieren

hat viel mit dem gerade Beschriebenen zu tun: Sie gehen wirklich offen in das Gespräch, anstatt von vornherein zu „wissen", was Ihr Gegenüber interessiert, denkt oder möchte. Nur dann können Sie jemanden bewusst wahrnehmen und respektieren, und das spürt die betreffende Person sehr genau.

### • niemals die Intelligenz Ihres Gegenüber unterschätzen

Besonders unsichere Menschen neigen dazu, andere auf Abstand zu halten, indem sie sich als besonders klug und gebildet darstellen, häufig mit einer herablassenden oder oberlehrerhaften Art.

Und genau so wenig, wie Sie wie ein kleines Dummchen behandelt werden möchten, sollten Sie es mit Ihrem Gegenüber tun. Im Zweifelsfall nützt ein ehrliches Zugeben einer Wissenslücke dem Gespräch mehr als eine verwirrende Fremdwörtersammlung, die über Ihre Unkenntnis hinweg täuschen soll. Vielmehr können Sie von der Klugheit Ihres Gesprächspartners profitieren, wenn Sie um Erläuterungen bitten, und gleichzeitig mehr Nähe herstellen, als wenn Sie sich als oberschlau darstellen.

## • nicht Ihr spezielles Vorwissen als allgemein bekannt voraussetzen

Bei Fachdiskussionen können Sie im Vorfeld oder zu Beginn des Gesprächs erkunden, wie viel Vorkenntnisse Ihr Gesprächspartner mitbringt, und sich darauf einstellen – ohne deshalb seine Intelligenz zu unterschätzen: Auch Genies kennen sich in vielen anderen Gebieten überhaupt nicht aus.

Ihrem Gespräch schadet es nur, wenn Sie Ihr Gegenüber in die Lage bringen, ständig nachfragen zu müssen, wovon Sie eigentlich sprechen – was unbeabsichtigt leicht passiert, wenn wir uns fachlich auf eigenem Terrain bewegen.

## • dem Gesprächspartner und seinen Ideen immer wieder deutlich Wertschätzung entgegenbringen

Ob Sie einen freundlichen Kommentar über die Aufmachung oder den Humor Ihres Gesprächspartners machen oder seine Fachkenntnisse oder geschliffene Redeweise offen bewundern: Es geht hier nicht um Schmeichelei, sondern darum, endlich auch die positiven Dinge auszusprechen, die uns an anderen auffallen!

„Solange ich nichts sage, ist alles in Ordnung – wenn was nicht stimmt, melde ich mich schon", auch wenn das typisch deutsch sein mag, ich habe in Hunderten von Seminaren noch niemanden getroffen, der oder die sich nicht über Äußerungen echter Anerkennung und Wertschätzung gefreut hätte.

### • Diskriminierungen jeder Art vermeiden

Hiermit ist gemeint, spitze Nebenbemerkungen wie „das können Sie als Sozialwissenschaftler ja nicht beurteilen" oder „als Ingenieur brauchen Sie das nicht zu wissen" zu vermeiden. Fragen Sie lieber Ihr Gegenüber nach dem jeweiligen Wissensstand und Interesse, statt allein aufgrund der Zugehörigkeit zu einer Berufs- oder Altersgruppe, Interessensgemeinschaft oder Geschlecht für ihn oder sie zu denken und zu beschließen – oder haben Sie schon mal jemanden getroffen, der sich dafür begeistert bedankt hat?

Vielleicht habe ich Aspekte vergessen, die Ihnen auch wichtig erscheinen – dann notieren Sie diese doch hier:

Platz für Ihre Notizen

• ...

• ...

• ...

• ...

• ...

(Übrigens: Sie fragen sich womöglich, wie Sie sich denn verhalten können, wenn Ihnen so ein Negativ-Beispiel begegnet, wie oben beschrieben: Ich würde fragen, ob es meinem Gegenüber jetzt doch nicht passt und wir lieber einen neuen Termin vereinbaren sollen – insbesondere, wenn ich ein Anliegen habe...)

## 2. Bewusste Wortwahl

Verwenden Sie eine ebenso einfache wie klare und eindeutige Sprache.

Das heißt neben ausreichender Lautstärke und Deutlichkeit in der Aussprache, dass Sie kurze Sätze mit wenigen Fremdworten und Fachausdrücken formulieren.

Im Zweifelsfall entscheiden Sie sich für eine Annäherung an die Sprechweise Ihres Gegenüber – natürlich ohne ihn papageienhaft zu imitieren. Gemeint ist hier vielmehr, dass ein schnell sprechender Mensch einen langsam Redenden leicht für umständlich oder gar dumm hält. Umgekehrt fühlen sich „Langsamredner" vom schnellen Sprechen eines Partners leicht überfordert, wenn nicht gar überrumpelt und betrogen.

Außerdem gibt es Formulierungen, die aus jedem Wortschatz gestrichen werden sollten, weil sie einer partner- und zielorientierten Gesprächsführung entgegenstehen:

• „Da bin ich aber anderer Ansicht...": Statt Gemeinsamkeiten mit meinem Gesprächspartner zu suchen, zu betonen und andernfalls herzustellen, beziehen Sie sich mit dieser Formulierung einzig auf die trennenden Aspekte Ihres Kontakts. Schlimmstenfalls kränken und brüskieren Sie so Ihren Gesprächspartner, der im Anschluss gar nicht mehr richtig zuhört. Wesentlich geschickter ist es, zunächst Verständnis auszudrücken und im Anschluss eine andere Möglichkeit anzubieten.

Beispiel: *„Ach, Sie meinen, wenn... – dann...?!? Ich habe bisher nur darüber nachgedacht, dass..."*

• „Müssen" ist generell eine Vokabel, die – bildlich gesprochen – Stirnrunzeln und Sträuben der Nackenhaare hervorruft. Egal ob Sie sagen, „ich muss mich erst informieren und (muss) dann zurückrufen", oder ob Sie dem Gesprächspartner aufzwingen, er müsse dies und jenes ganz anders sehen oder auch, „dann müssen Sie mich noch mal anrufen": Das hat nichts mit konstruktivem Gesprächsverhalten zu tun.

Auch wenn Sie es nicht beabsichtigen, bekommt Ihre Aussage einen Beigeschmack von Zwang (ich möchte zwar nicht, aber ich muss ja...) oder von Entmündigung - in Wahrheit aber entscheidet Ihr Gesprächspartner sehr wohl selbst, was er wie sieht oder tut, und das wird er Ihnen schlimmstenfalls auch prompt beweisen.

Beispiel: *„Ich suche das raus und rufe Sie zurück."*

• „Hier sollten Sie wirklich Zugeständnisse machen" ist entweder eine ungeschickte Übersetzung Ihrer Einstellung, ihm in dieser Angelegenheit nicht weiter entgegenkommen zu wollen oder die indirekte Feststellung, er könne ruhig berechtigte Ansprüche aufgeben – aber warum sollte er, wenn Sie ihm das so ungeschickt verkaufen? Viel besser ist es, statt dessen auf Ihren Teil eines Entgegenkommens zu verweisen und dann zu fragen, wie es wäre, wenn er z.B. folgendes unternähme ...

Beispiel: *„An dieser Stelle bin ich gern bereit, ... zu tun. Wie könnte Ihr Beitrag aussehen?"*

• „Wir müssen hier auf unsere Unternehmens-/Amtsgrundsätze verweisen..." wirkt wie der Versuch, die Verantwortung für Ihre Entscheidungen und Verhaltensweisen auf andere abzuwälzen, und das auch noch widerwillig.

Außerdem wirkt die Erwähnung von Unternehmens-/Amtsgrundsätzen in einem solchen Zusammenhang leicht wie Prinzipienreiterei, was nichts mit dem Bild vom kundenorientierten, wandlungsfähigen Unternehmen oder einer solchen Behörde zu tun hat.

Besser ist es, im Notfall die inhaltliche Begründung aus den Grundsätzen zu übernehmen. Dabei wird Ihnen auch schnell klar, ob es wirklich darum geht oder ich den anderen nur abwimmeln will/soll, ohne mir in die Karten schauen zu lassen.

Beispiel: *„An dieser Stelle ist es uns wichtig..., und zwar aus folgendem Grund: ..."*

• „Ja, aber" gehört (neben „eigentlich", das meist einfach ersatzlos gestrichen werden sollte) zu den beliebtesten Sprachsünden: Beides entwertet die folgende Aussage und führt häufig zu Verwirrung und Nachfragen.

Wenn ein „Ja" eine uneingeschränkte Zustimmung zum Ausdruck bringen soll, entspricht „Ja, aber" einem „Nein."

Im Sinne einer konstruktiven Gesprächsführung vermeiden Sie bitte trennende Formulierungen und unterteilen Ihre Antwort lieber: Sie lösen zunächst den Teil heraus, dem Sie – wirklich! – zustimmen können und wollen. Danach können Sie leichter eine Nachfrage oder eine Einschätzung zu dem Aspekt abgeben, mit dem Sie nicht einverstanden sind, ohne dadurch Ihren Gesprächspartner zu verärgern. Das Zauberwort heißt „differenzieren".

Beispiel: *„In dieser und jener Hinsicht bin ich ganz Ihrer Meinung (Pause). In einem Punkt geht es mir allerdings um etwas anderes..."*

• „irgendwie", „irgendwo", „vielleicht" sowie sämtliche Konjunktiv-Formen werden wesentlich häufiger eingesetzt als tatsächlich angebracht ist. Sie zeugen dann von der Unsicherheit des Sprechenden oder seinem Versuch, die Tatsachen zu verschleiern und inhaltliche Kanten abzuschleifen – keine gute Methode, um sich als kompetenten Gesprächspartner darzustellen und Vertrauen zu erwecken!

- **Fällt Ihnen auch hier noch mehr ein? Dann notieren Sie es doch gleich:**

- ...

- ...

## 3. Konzentriertes Zuhören

Die meisten Menschen sind kaum in der Lage, einem Gesprächs-partner – egal in welcher Situation – einige Minuten wirklich zuzuhören. Statt dessen bleiben sie schnell bei Einzelbegriffen oder -aussagen hängen, die bei ihnen bestimmte Assoziationen hervorrufen und in der Folge ihre Aufmerksamkeit beanspruchen. Oder sie bereiten, kurz nachdem ihr Gegenüber zu sprechen begonnen hat, schon den eigenen Beitrag vor, der sich nicht zwangsläufig auf das vorher Gesagte beziehen muss, sondern häufig nur eine Vokabel als Aufhänger nutzt. Häufig kommt es auch zu mehr oder weniger diplomatischen Unterbrechungen, die leider nicht immer dem besseren Verständnis des Zuhörers dienen, sondern vielmehr von seinem Mangel an Aufmerksam-keit, Einfühlungsvermögen und Beobachtungsgabe zeugen – der Sprechende hatte sich nur erlaubt, einmal tief Luft zu holen, was der Zuhörer sofort als Möglichkeit für den eigenen Einstieg inter-pretiert hat.

Wenn Sie im Sinne konstruktiven Gesprächsverhaltens ein guter Zuhörer sein wollen,
- konzentrieren Sie sich vollständig auf den Sprechenden, d.h. hören Sie nicht nur genau auf seine Worte, sondern versuchen auch, alle Signale, die mit Sprechtempo und Lautstärke, Häufig-keit und Tiefe der Atmung sowie mimische und gestische Ergän-zungen – wenn möglich – aufmerksam zu registrieren,
- halten Sie Blickkontakt, besonders wenn Ihr Gegenüber ihn sucht, und

- zeigen Sie Aufmerksamkeit durch aufrechte und zugewandte Körperhaltung und Aufmerksamkeitsreaktionen („hmm", „interessant", „ach so" – wenn und wie es passt!),
- hören Sie aktiv zu: Statt eine zur unpassenden Gelegenheit formulierte Entgegnung abzusondern, enthalten Sie sich zunächst Ihres Kommentars und geben mit eigenen Worten wieder, was Sie vom Anliegen des  anderen bis dahin verstanden haben (sog. Spiegeln). Damit zeigen Sie nicht nur Aufmerksamkeit und Interesse, sondern entschärfen heikle Situationen und schützen sich gleichzeitig vor übereilten Reaktionen.
- Wenn Ihnen die Informationsflut zu groß wird, bitten Sie um eine kurze Zusammenfassung oder Pause, um Notizen zu machen oder nachzudenken.

### 4. Notizen zu Ergebnissen

Dieser Aspekt knüpft wieder an die Idee einer Zielorientierung im Gespräch an. Wenn Sie sich künftig vor einem Gespräch Gedanken dazu machen, was Sie damit erreichen oder dadurch erfahren wollen, ist es das Beste, sich diese Punkte gleich zu notieren. Dazu gehören:
- Datum, Uhrzeit, ggf. Dauer des Gesprächs
- Gesprächspartner: Name, Titel, Firma/Abteilung, Tel./Fax-Nr.
- Ziel des Gesprächs
- Fragen/Informationen
- Absprachen und Ergebnisse
- Konsequenzen: Termine, Ausarbeitungen, Einbeziehung Dritter
- ...
- ...

Platz für Ihre Notizen

Mit einem solchen Bogen in der Hand vergessen Sie keine Kleinigkeit, können Ihr Ziel leichter im Auge behalten und Absprachen und Ergebnisse präzisieren und konkretisieren: Spätestens beim Notieren fällt Ihnen auf, dass es nicht reicht, dass „wir diese Frage schon irgendwie regeln werden"... Außerdem können Sie durch Ihre Notizen Missverständnisse frühzeitig vermeiden: Entweder sprechen Sie sich direkt mit dem Partner ab oder lassen ihm im Anschluss eine Kopie zukommen. Hierbei ist es wichtig, einen Termin zum Kommentieren und Korrigieren zu nennen – wenn Ihr Gesprächspartner sich bis dahin nicht meldet, gilt die Notiz als akzeptiertes Protokoll. Darüber hinaus können Sie für sich unter „sonstiges" noch persönliche Eindrücke zum Gesprächsverlauf notieren: Gesprächsatmosphäre, Stimmung und Verfassung Ihres Gegenüber, Informationen zu seiner Person und Lage, die für Sie von Interesse sind. Beim nächsten Mal nehmen Sie Bezug darauf, wenn es Ihnen angebracht erscheint. Außerdem können Notizen über Vorlieben oder Eigenheiten des anderen für die Zukunft hilfreich sein: Wenn Ihr Kollege demnächst mit dieser Person zu tun hat, wundert er sich nicht darüber, dass sein Gegenüber ihm nie in die Augen guckt – auf diese Eigenart war er schon durch Ihre Notizen vorbereitet.

### UND SO KÖNNEN SIE MIT DER UMSETZUNG BEGINNEN:

Bitte schätzen Sie in der folgenden Liste zum Thema zunächst Ihren derzeitigen Stand ein und verbinden Sie diese Punkte zu einer Kurve (Ist-Stand).

Kreuzen Sie jetzt bitte Ihren Idealwert bei den einzelnen Fragen an und verbinden Sie die Punkte in einer anderen Farbe: So erhalten Sie Ihr Idealprofil (Soll-Stand). An den Abweichungen zwischen beiden Kurven können Sie sehen, worauf Sie in Zukunft besonders achten könnten. Ergänzungen der Liste für Ihre persönlichen Zwecke sind erwünscht! Schreiben Sie das heutige Datum dazu und prüfen Sie in sechs Monaten, in welchen Punkten Sie sich verbessert haben – womöglich machen Sie sich eine Notiz im Kalender?

| Das tue ich eher... | immer | oft | manchmal | selten | nie |
|---|---|---|---|---|---|
| Gesprächsvorbereitung: Ziel, Fragen, Infos etc. | ○ | ○ | ○ | ○ | ○ |
| Formular für Notizen erstellen/besorgen (Protokoll) | ○ | ○ | ○ | ○ | ○ |
| ausreichend Zeit für das Gespräch einplanen | ○ | ○ | ○ | ○ | ○ |
| mich voll auf das Gespräch konzentrieren | ○ | ○ | ○ | ○ | ○ |
| Störungen so weit wie möglich vorher ausschließen | ○ | ○ | ○ | ○ | ○ |
| Aufgeschlossenheit und Interesse zeigen | ○ | ○ | ○ | ○ | ○ |
| gute Umgangsformen zeigen | ○ | ○ | ○ | ○ | ○ |
| Recht auf individuelle Sichtweise akzeptieren | ○ | ○ | ○ | ○ | ○ |
| mein Gegenüber und seine Interessen respektieren | ○ | ○ | ○ | ○ | ○ |
| Gesprächspartner Wertschätzung entgegenbringen | ○ | ○ | ○ | ○ | ○ |
| Intelligenz meines Gegenüber unterschätzen | ○ | ○ | ○ | ○ | ○ |
| alle Vorinformationen voraussetzen | ○ | ○ | ○ | ○ | ○ |
| mich mit für Gesprächsverlauf verantwortlich fühlen | ○ | ○ | ○ | ○ | ○ |
| Diskriminierungen aussprechen/andeuten | ○ | ○ | ○ | ○ | ○ |
| klare und eindeutige Ausdrucksweise | ○ | ○ | ○ | ○ | ○ |
| angepasste Sprache, Lautstärke und Tempo | ○ | ○ | ○ | ○ | ○ |
| Blickkontakt und Aufmerksamkeitsreaktionen | ○ | ○ | ○ | ○ | ○ |
| mein Gegenüber unterbrechen | ○ | ○ | ○ | ○ | ○ |
| nicht bis zu Ende konzentriert zuhören | ○ | ○ | ○ | ○ | ○ |
| aktiv zuhören, ohne gleich zu kommentieren | ○ | ○ | ○ | ○ | ○ |
| während anderer redet, über Antwort nachdenken | ○ | ○ | ○ | ○ | ○ |
| Gesprächsformular ausfüllen | ○ | ○ | ○ | ○ | ○ |
| meine Notizen mit dem Partner abstimmen | ○ | ○ | ○ | ○ | ○ |
| ... | | | | | |

**Falls Sie sich noch etwas anderes merken wollen, notieren Sie doch hier Ihre Eindrücke und Erfahrungen, – so dass Sie wissen, wo Sie künftig ansetzen wollen:**

# KAPITEL 4

## AKTIVES ZUHÖREN

oder

- wie Sie Missverständnisse vermeiden,

- die Gesprächsatmosphäre verbessern und

- in schwierigen Situationen Zeit gewinnen können

## AKTIVES ZUHÖREN

Diese Technik ist hilfreich, um sicherzustellen, dass Sie tatsächlich das verstanden haben, was Ihr Gegenüber Ihnen sagen wollte – und zwar möglichst in allen Einzelheiten. Gleichzeitig gewinnen Sie Zeit und vermeiden eine prompte Antwort, wenn Sie zunächst nur „spiegeln" – etwa in schwierigen Gesprächs- oder Verhandlungssituationen.

Besondere Bedeutung hat das aktive Zuhören beim Telefonieren, weil dabei viele „Verständlichmacher" wie Mimik und Gestik fehlen und alle Informationen nur den gewählten Worten, der Lautstärke, dem Tonfall, Pausen etc. entnommen werden können.

Die Vermeidung von Missverständnissen spielt in allen Gesprächen eine wichtige Rolle zur

- fehlerfreien und vollständigen Informationsübermittlung

- Verbesserung des persönlichen Kontakts

Aktives Zuhören ist auch deshalb so wichtig, weil die Kommunikationsforschung gezeigt hat:

> • *Gedacht ist nicht gesagt*
>
> • *Gesagt ist nicht gehört*
>
> • *Gehört ist nicht verstanden*
>
> • *Verstanden ist nicht akzeptiert*
>
> • *Akzeptiert ist nicht behalten*
>
> • *Behalten ist nicht umgesetzt*
>
> • *Umgesetzt ist nicht beibehalten*

Das alles hängt unter anderem damit zusammen, dass in Gesprächen wesentlich mehr passiert als das reine „Überreichen" unverfälschter Informationen.

Stattdessen sieht der Prozess schematisch dargestellt eher so aus:

**SENDER:**

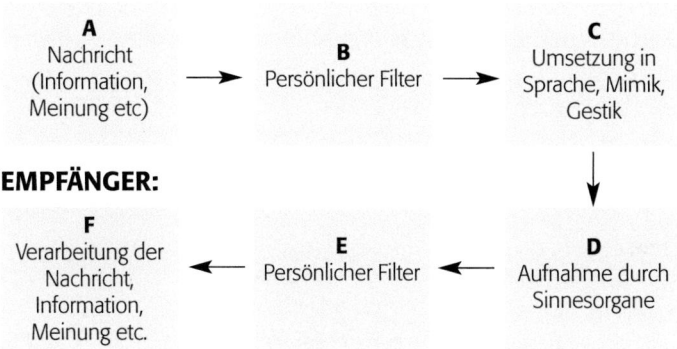

**EMPFÄNGER:**

Besonders beim Telefonieren ist es äußerst schwierig zu überprüfen, ob, was und wieviel Ihr Gesprächspartner von dem verstanden hat, was Sie ihm oder ihr sagen wollen.

Wenn Sie dagegen aktiv zuhören, versuchen Sie, den anderen während des Gesprächs wissen zu lassen, was bis dahin bei Ihnen angekommen ist. Sie sprechen also das Ergebnis von Phase F im obigen Schema aus und machen es öffentlich, bevor Sie *reagieren*.

Dadurch entsteht beim Sprechenden eine steigende Sicherheit, dass er wirklich gehört wird und sein Gegenüber ein echtes Interesse daran hat, ihn zu verstehen. Das veranlasst ihn, sich weiter zu öffnen und tiefer in das Thema einzudringen, wodurch Sie mehr Anknüpfungspunkte für einen stabilen Kontakt erhalten.

Außerdem hilft das aktive Zuhören den Gesprächspartnern, eine gemeinsame Sprache zu entwickeln: Wenn Sie aktiv zuhören, fällt Ihnen viel eher und deutlicher auf, ob Ihr Gegenüber eine sehr bildhafte Sprache benutzt oder eher betont sachlich und schmucklos in seiner Ausdrucksweise bleibt.

Sie können Ihre Erkenntnis nutzen, indem Sie über Ausdrucksähnlichkeit eine Verbindung zum Gesprächspartner herstellen.

Solche Details spielen zu Beginn eines Kontaktes und in schwierigen Gesprächssituationen eine wesentlich größere Rolle als nach jahrelangem Umgang miteinander.

### Was tun Sie genau, wenn Sie aktiv zuhören?

Sie spiegeln, das heißt Sie wiederholen in Ihren eigenen Worten, was Sie von den Äußerungen des anderen verstanden haben – und zwar sowohl den Sachinhalt als auch die gefühlsmäßige Färbung, die Sie  wahrgenommen haben, wenn es zum Thema und zur Situation passt.

Je öfter Sie das tun, desto eher bietet sich die Chance, eventuelle Missverständnisse gleich an und mit der Wurzel auszuräumen – statt erst am Ende eines langen Gesprächs mitzukriegen, dass Sie etwas falsch oder unvollständig aufgefasst haben.

Natürlich ist in jeder Gesprächsphase und bei jedem neuen Gesprächspartner neu und individuell zu entscheiden, wann aktives Zuhören mehr schadet als nützt, zum Beispiel das Gegenüber verunsichert oder völlig aus dem Konzept bringt.

## Aktives Zuhören...

... stellt die Rückmeldung Ihres Verstehens des andern dar

... kann mehr sein als ein bloßes Nacherzählen der gehörten Worte: Es kann, wenn es angebracht erscheint, vor allem auch die Gründe und Gefühle hinter dem Gesagten ansprechen – besonders, wenn es um persönliche Fragen oder Themen geht oder die Gesprächsatmosphäre angesprochen werden soll

... wird meist in Feststellungen mit fragendem Tonfall formuliert

... dient ausschließlich als Spiegel dessen, was der Gesprächspartner gesagt hat und

... enthält keinerlei eigene Wertung oder Stellungnahme – auch wenn's noch so schwer fällt

... wird unterstützt durch
  • eine körperlich zugewandte Gesprächshaltung,
  • möglichst viel Blickkontakt und
  • häufige, kurze Aufmerksamkeitsreaktionen wie Nicken, „mmh", „aha", „ich verstehe"...
    (am Telefon müssen wir möglichst alle mimischen und gestischen Reaktionen in hörbare Signale übersetzen: Nicken ist hier wenig hilfreich).

Natürlich sind diese Aspekte um so wichtiger, je brisanter das Thema oder die Information ist, um die es bei dem Gespräch geht, z.B. Konfliktgespräche, Kritik und Beurteilung wie auch Gespräche über Delegationen und Zielvereinbarungen, Beschwerden und Reklamationen.

Im Rahmen brisanter und emotionsgeladener Konfliktgespräche ist es zwar besonders schwierig, aber auch extrem hilfreich, die eigenen, z.T. übereilten Gefühlsreaktionen nicht sofort „auszuspucken", sondern sich erst zu vergewissern, dass der andere das, worüber Sie sich gerade aufregen wollen tatsächlich „so" gemeint hat.

Im Arbeitsbereich zeichnet sich etwa der professionelle Umgang mit aufgebrachten Kunden – insbesondere am Telefon – durch gründliches, aktives Zuhören aus: Statt ihn zu beschwichtigen und abzuwehren, zeigen Sie dem Kunden Aufmerksamkeit und Interesse. Das ebnet den Weg für eine erfolgreiche weitere Zusammenarbeit.

## Praktische Übungen

❐ Wenn Ihnen ein/e Freund/in das nächste Mal ein Erlebnis erzählt, hören Sie nicht einfach schweigend zu, wie Sie es bisher vielleicht getan haben, sondern spiegeln Sie: Was ist Ihrem Gegenüber passiert? Was hat sie oder er dabei empfunden?

Fassen Sie in Ihre eigenen Worte, was „bei Ihnen angekommen" ist:

| Datum | Was getan? | Ergebnis: | Wie weiter? |
|---|---|---|---|
| 7.9.04 | Chris' Bericht vom neuen Job gespiegelt | C. hat gefragt, ob ich jetzt ein Papagei bin | Drauf achten, in **eigenen** Worten zu wiederholen, und seltener. |
|  |  |  |  |
|  |  |  |  |
|  |  |  |  |
|  |  |  |  |

❐ Wenn Sie in einem beliebigen Gespräch nicht weiter wissen und unsicher sind, was Sie als nächstes sagen sollen: Fassen Sie in eigenen Worten kurz zusammen, was Ihr Gegenüber bisher gesagt hat und überprüfen Sie, ob Sie richtig verstanden haben.

| Datum | Was getan? | Ergebnis: | Wie weiter? |
|-------|-----------|-----------|-------------|
| Beispiel: 6.8.04 | Meine Vorgesetzte gespiegelt, als sie über den unglücklichen Verlauf unserer Besprechung gemosert hat | FK hat erstaunt geguckt, sich aber nicht weiter geäußert | Nächstes Mal direkt fragen, ob ich das richtig verstanden habe |
|  |  |  |  |
|  |  |  |  |
|  |  |  |  |
|  |  |  |  |

❐ Jemand scheint Sie provozieren zu wollen, indem Sie mit einer abwertenden Behauptung konfrontiert werden. Anstatt in die Falle zu tappen, fragen Sie zurück, indem Sie das Gesagte in eigenen Worten wiederholen, ohne zu antworten:

| Datum | Was getan? | Ergebnis: | Wie weiter? |
|---|---|---|---|
| Beispiel: 15.7.04 | Meier gespiegelt, als er mich als inkompetent bezeichnet hat: „Sie meinen also, ich habe keine Ahnung?" | M. ist rot geworden und hat irgendwas gebrummelt | Wenn ich mich stark fühle, noch mal nachhaken, bis M mir sagt, wie er darauf kommt |
|  |  |  |  |
|  |  |  |  |
|  |  |  |  |
|  |  |  |  |

**Falls Sie sich von den obigen Tabellen zu sehr eingeschränkt fühlen, notieren Sie doch hier Ihre Erfahrungen und Erlebnisse, damit Sie wissen, an welcher Stelle Sie weiter machen wollen:**

# KAPITEL 5

# KONSTRUKTIVER VERHALTEN IN GRUPPENDISKUSSIONEN

oder

Wie Sie in Gruppengesprächen

- enger am Thema bleiben

- besser Gehör finden und

- leichter Ihr Ziel erreichen

## KOMMUNIKATION IN GRUPPEN: EINIGE REGELN

Wenn wir mit einer oder mehreren anderen Person(en) über ein Thema reden, diskutieren oder verhandeln möchten, werden wir immer versuchen, verschiedenen Anforderungen gerecht zu werden, und zwar denen des Themas, der Gruppe sowie unseren eigenen:

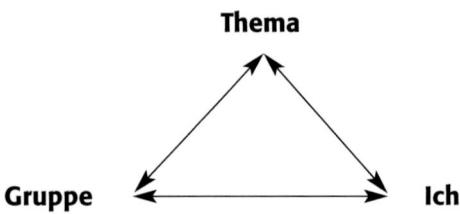

Die verschiedenen Anforderungen können konkret so aussehen:
- Das Thema ist vorher festgesetzt worden, z.B. für eine Sitzung oder ein Seminar. Wenn die Veranstaltung zwar interessant für alle Beteiligten ist, aber das eigentliche Thema nicht behandelt wird, ist diese Anforderung nicht erfüllt.

- Die Gruppe hat vielleicht an anderen Stellen Vertiefungs- oder Erholungsbedarf als von der Gesprächsleitung angenommen: Wenn diese Anforderungen der Gruppe nicht erfüllt werden, kann auch das Thema nicht zufriedenstellend erörtert werden. Auch wägt jede/r Einzelne immer wieder ab zwischen eigenen Interessen und denen der Gruppe. Das kann Vertiefungsbedarf oder die eigene Zurückhaltung betreffen, um auch andere zu Wort kommen zu lassen.

- Jede/r Teilnehmende hat im Rahmen einer Gruppendiskussion spezielle Bedürfnisse und Interessen, für deren Wahrung und Erfüllung sie oder er selber sorgen muss. Dabei werden Sie immer auch den Themenbezug und die Interessen anderer Gesprächsteilnehmer im Auge behalten.

Deshalb das Dreieck in der Grafik auf Seite 50: Alle drei Eckpunkte müssen bei einer Gruppendiskussion etwa gleichwertig beachtet werden, wenn sie erfolgreich sein soll.

Der Ansatz der Themenzentrierten Interaktion (TZI) nach Ruth Cohn schlägt einige Hilfsregeln vor, die uns dabei unterstützen können, diesen verschiedenen Anforderungen gerecht zu werden. Darauf aufbauend habe ich durch Ergänzungen und praktische Vorschläge aus vielen Veranstaltungen, folgende zehn Hilfsregeln entwickelt

Die Anrede ist ausnahmsweise in der du-Form gehalten, da es sich um Hinweise handelt, die wir uns selbst während Gesprächen geben – und Sie werden sich doch nicht siezen, oder?

1. Sag „ich", wenn du von dir sprichst – und nicht „man" oder „wir".
2. Wenn du Fragen stellst, erläutere den Hintergrund.
3. Alle sprechen nacheinander, nicht gleichzeitig.
4. Vermeide Totschlagargumente.
5. Seitengespräche sind ein Zeichen.
6. Sei für dich selbst verantwortlich.
7. Versuche, in deinen Äußerungen echt und wählerisch zu sein.
8. Vermeide persönliche Angriffe und Beleidigungen.
9. Störungen haben Vorrang.
10. Beachte die Signale deines Körpers.

## 1. Sag „ich" wenn du von dir sprichst – und nicht „man" oder wir…

…nur so können die anderen Gesprächsteilnehmer wissen, ob Sie wirklich von sich als Person oder eben der Allgemeinheit, dem Rest der Welt reden. Außerdem ärgert es viele Menschen, wenn sie durch verallgemeinernde Formulierungen ungefragt in Standpunkte „einverleibt" werden, die sie gar nicht teilen.

Beispiele:   *Statt „man sollte sich wirklich häufiger zusammen*
*setzen" besser „ich wünsche mir häufigere Treffen*
*zum Informationsaustausch".*

*Statt „wir sollten wirklich mal wieder ins Kino gehen"*
*besser „ich möchte gern mal wieder mit dir/euch ins*
*Kino gehen – hast du/habt ihr auch Lust?".*

## 2. Wenn du Fragen stellst, erläutere den Hintergrund...

...und verpacke keine Meinung, Unterstellung oder gar Stichelei in eine scheinbare Frage: Der Zusammenhang, in dem Sie etwas wissen möchten, spielt meist auch eine Rolle für die Art und Qualität der Antwort, die Sie bekommen.

Besonders bei angespannten Verhältnissen können Sie vermeiden, dass sich Ihr Gegenüber unnötig angegriffen fühlt, indem Sie kurz erklären, warum Sie etwas wissen möchten.

Beispiele:   *„Ich sitze gerade an meiner Terminplanung für diese*
*Woche und frage mich, ob Sie meine mail mit dem*
*Terminvorschlag für morgen schon gelesen haben?"*
*oder*
*„Ich brauche heute Abend ein Auto. Hast du heute*
*etwas vor, wofür du es selbst brauchst, oder kannst*
*du es mir leihen?"*

## 3. Alle sprechen nacheinander, nicht gleichzeitig...

...und nicht jemand vorne, jemand hinten und jemand nebenan – dann versteht niemand mehr ein Wort.

Außerdem fühlt sich die sprechende Person nicht ernst genommen und wird vermutlich ab jetzt weniger konstruktiv zur Diskussion beitragen.

Sie können jemand nachhaltig aus dem Konzept bringen, indem Sie ihn immer wieder gezielt unterbrechen – aber das ist kein beziehungspflegendes und lösungsorientiertes Verhalten.

## 4. Vermeide Totschlagargumente.

Dies bedeutet, während der Diskussion möglichst konstruktiv zu bleiben – im Gegensatz zur Wirkung von Totschlagargumenten (sog. Killerphrasen) wie:

- „das hat doch sowieso alles keinen Sinn",

- „das haben wir doch schon alles probiert" und

- „alles Quatsch"

Solche Anmerkungen können jeden Ansatz zu einem konstruktiven Gespräch schon im Keim ersticken.

Was aber sagt es Ihnen, wenn Sie selber so anfangen? Fragen Sie sich: Wie geht es mir gerade? Was macht mich so mutlos oder nervt mich dermaßen, dass ich die ganze Diskussion erschlage?

Die Antworten auf diese Fragen, zusammen mit den übrigen, hier zusammengestellten Hinweisen, zeigen Ihnen Wege, wie Sie sich sinnvoller verhalten können z.B. in Ich-Form sprechen, oder kurz rausgehen, um einen klaren Kopf zu kriegen oder...

Wenn Sie mit Totschlagargumenten konfrontiert werden, lassen Sie sich nicht verschrecken, sondern reagieren Sie mit einer der folgenden Varianten:

- Bitten Sie um Präzisierung, etwa: „Warum hat das Ihrer Ansicht nach alles keinen Sinn?".
- Vergewissern Sie sich, dass die Person das Gesagte ernst gemeint hat: „Sie finden also wirklich, alles hier Besprochene sei völliger Unsinn?".

- Wenden Sie sich an die Gruppe, wenn Sie sich deren Unterstützung oder Ihrer eigenen Souveränität sicher sind: „Was meinen die anderen dazu: Glauben Sie auch, dass wir bereits alle Möglichkeiten erprobt und ausgeschöpft haben?".

- Bieten Sie der betreffenden Person an, außerhalb der Runde unter vier Augen über seinen Einwand zu sprechen – Achtung: keine Bloßstellung!

### 5.  Seitengespräche sind ein Zeichen.

Gemeint ist, dass es sich meist nicht um einen Zufall handelt, wenn während eines Vortrags ständig jemand (oder gar mehrere)„tuschelt": Entweder hat die vortragende Person den Kontakt zu den Zuhörern verloren, oder eine inhaltliche Frage muss geklärt werden, bevor es weitergehen kann „im Text", oder eine Pause ist nötig.

Auch Tuscheln ist eine Form, der gerade sprechenden Person nicht nur Ihre Aufmerksamkeit zu entziehen, sondern auch für Ablenkung zu sorgen – das nimmt Ihnen besonders ein unsicherer Gesprächspartner womöglich sehr übel.

### 6. Sei für dich selbst verantwortlich...

...und warte nicht darauf, dass andere deine Interessen vertreten, dein Befinden erraten und schon für die Erreichung deiner Ziele sorgen. Bringe also zur Sprache, was dir wichtig ist, und rede dich nicht heraus mit: „Ich habe gedacht, das käme sowieso noch..." oder ähnliches.

Beispiele:  *Statt „ganz schön kühl hier" besser „ich weiß ja nicht, wie es den anderen geht, aber mir ist kalt. Hat jemand was dagegen, wenn ich das Fenster zumache?".*

*Statt stillem Hoffen, dass jemand anders nachfragt, besser: „Mir scheint da eben etwas entgangen zu sein, wann treffen wir uns das nächste Mal?"*

Konfusius sagt ....

## 7. Versuche, in deinen Äußerungen echt und wählerisch zu sein.

Wenn dir in einer Gruppendiskussion etwas gegen den Strich geht, sage es – wenn es dich bei der weiteren Mitarbeit wirklich behindert – und behalte es für dich, wenn es nur ein kurzes Aufflackern war, das du selbst gleich wieder vergisst: Mit echt und wählerisch (oder „authentisch und selektiv") ist gemeint, nicht alles zu sagen, was du denkst, aber was du äußerst, entspricht der Wahrheit und ist echt.

Wenn Sie statt dessen in einer Diskussionsrunde eine andere Meinung vertreten als vorhin noch in der Kantine, machen Sie sich unglaubwürdig und haben künftig Mühe, Vertrauen zu gewinnen.

Auf der anderen Seite sollte die Tatsache, dass Ihnen vielleicht schnell und zu jedem Thema etwas einfällt, nicht dazu führen, dass Sie jede Runde mit Ihren Beiträgen erschlagen und für andere kein Raum mehr bleibt: Sie erfahren mehr über die Meinungen der Kollegen, wenn Sie häufiger zuhören und abwarten, bis auch die Zurückhaltenderen und Langsameren zu Wort gekommen sind.

## 8. Vermeide persönliche Angriffe und Beleidigungen.

Besonders in Entscheidungs- und Konfliktsituationen können spezielle Interessen und Bedürfnisse Einzelner verletzt werden, ohne dass damit eine persönliche Kränkung und Zurücksetzung gemeint ist. Wichtig ist, dass die oder der Betroffene genau das zum Ausdruck bringt.

Beispiel: *„Ich bin verärgert, dass mein Vor-schlag keine ausreichende Unterstützung findet." (Ich-Aus-sage!) an Stelle von „immer kriegst du mit Deiner anbiedernden Art deine Interessen durch!"*

## 9. Störungen haben Vorrang.

Wenn irgendein Prozess, z.B. des Nichtverstehens oder des persönlichen Konflikts zwischen Teilnehmenden, die Arbeit der Gruppe am eigentlichen Thema behindert oder unmöglich macht, ist die Behandlung der Störung der einzige Weg. Das heißt nicht, dass jeder Konflikt bis ultimo ausgetragen und erst völlig gelöst sein muss, ehe alle weiter arbeiten können. Statt dessen kann z.B. mit den Betroffenen ein extra Termin vereinbart werden, um eine Klärung herbeizuführen.

Beispiel: *„Mir scheint, Frau Dosenkohl und Herr Flaschenhals haben zu diesem Thema schon Auseinandersetzungen geführt, die aber unseren Rahmen sprengen würden. Können Sie diesen Punkt bitte später klären?"*

Wenn die Tür aufgeht oder ein Telefon klingelt, sollten Sie Ihren Beitrag unterbrechen, bis die Störung beseitigt oder beendet ist – sonst müssen Sie alles, was Sie in dieser Phase erklären, später wiederholen, denn die Aufmerksamkeit geht automatisch und reflexhaft zur Störung. Außerdem wirkt es beim Gespräch in Ihrem Büro auf manchen Gast befremdlich, wenn Sie – nachdem Sie womöglich noch auf die Rufnummern-Anzeige geschaut haben – das Telefonklingeln einfach ignorieren: Viele Besucher fragen sich dann, ob es das ist, was passiert, wenn sie selber anzurufen versuchen, und Sie nicht an den Apparat gehen...

## 10. Beachte die Signale deines Körpers.

Unser Körper hängt nicht nur zufällig an unserem Kopf. Beides ist meist enger verbunden ist als wir annehmen. Wenn uns also plötzlich in einer Diskussion schlecht wird oder wir Kopfschmerzen bekommen, können wir überlegen, ob es zwischen den Situationsfaktoren (Thema, Teilnehmer, Raumtemperatur usw.) und unserem Befinden einen Zusammenhang gibt. Das bedeutet nicht automatisch, dass wir das zur Sprache bringen! Das gilt übrigens auch für positive Gefühle, die z.B. entstehen können, wenn uns „ein Licht aufgeht".

Ob wir unsere Reaktion zur Sprache bringen, richtet sich nach der individuellen Auslegung von Punkt 7: „echt und wählerisch"...

Hinweis:   Im Seminar gibt es an dieser Stelle häufig Fragen zur Körpersprache. Dazu ist es wichtig zu wissen, dass nichtsprachliche Signale

  • mehr als die Hälfte aller Information transportieren,
  • aber dass sie ausschließlich in Kombination mit anderen Signalen eine halbwegs klare Bedeutung haben.

Beispiel:   *Arme verschränken + Augenrollen + Wegdrehen mag Ablehnung, Genervtsein oder ähnliches signalisieren – letztlich müssen Sie sich im Gespräch doch vergewissern, was genau Ihr Gegenüber Ihnen mitteilen will, statt irgendwelche voreiligen Schlüsse zu ziehen.*

Die Körpersprache transportiert zweifellos wichtige Signale. Aber überstrapazieren Sie diese Denkweise nicht! Nicht alle Menschen, die ihre Beine übereinander schlagen, sind verschlossen. Und gefährlich sind Patentrezepte, die z.B. aus der Nasen- oder Mundform eines Menschen Rückschlüsse auf sein Wesen ziehen wollen.

## Praktische Übungen

❐ In der nächsten Gesprächsrunde, in der es für Sie nicht „um die Wurst" geht, achten Sie bitte einmal bewusst darauf,

○ wer wen ausreden lässt – und wer wen nicht – und
○ welche Wirkung das auf das Gespräch hat;
○ wann Sie oder andere unruhig herum rutschen, aber doch nichts äußern – aus was für Gründen auch immer;
○ wie häufig die Gesprächspartner das Wort „man" benutzen – und höchstwahrscheinlich doch von sich selbst sprechen;
○ welche Körpersignale Sie bei sich beobachten können – und wie Sie diese deuten
○ ...

| Datum | Was getan? | Ergebnis: | Wie weiter? |
|-------|-----------|-----------|-------------|
| 8.10.03 | Bei mir und anderen auf „man" geachtet | Wird sehr oft benutzt – und meist weiß ich nicht, von wem wirklich die Rede ist | Selber öfter überlegen, wen ich meine – und das dann auch sagen: man, ich oder wir |
| | | | |
| | | | |
| | | | |
| | | | |

❏ Sie brauchen eine Information. Probieren Sie aus, was passiert, wenn Sie einfach danach fragen, ohne zu erklären, warum und wozu Sie das wissen wollen – und beobachten die Reaktion Ihres Gegenübers.

| Datum | Was getan? | Ergebnis: | Wie weiter? |
|---|---|---|---|
| 23.2.04 | Kollegin gefragt, ob sie heute schon was vor hat | Begeisterter Vorschlag, zusammen auszugehen | Wenn ich jemanden bitten will, auf mein Kind aufzupassen, besser vorher sagen, weshalb ich frage – sonst Ärger |
| | | | |
| | | | |
| | | | |
| | | | |

❏ In einer Diskussion, in der ständig von „man" und „wir" die Rede ist, nennen Sie Ihr Anliegen offen in der Ich-Form – beobachten Sie, welchen Einfluss das auf den weiteren Verlauf der Diskussion hat.

| Datum | Was getan? | Ergebnis: | Wie weiter? |
|-------|-----------|-----------|-------------|
| 14.3.04 | Meinen Wunsch nach gemeinsamen Treffen deutlich in Ich-Form geäußert | Andere fingen sofort mit Gegenvorschlägen an – besser als bisheriges Geschwafel | Je nachdem, wie wichtig mir genau dieser Vorschlag ist, fürs nächste Mal gleich Argumente dafür nennen – oder andere nach Ihren Ideen fragen |
| | | | |
| | | | |
| | | | |
| | | | |

**Falls Sie sich von den obigen Tabellen eingeschränkt gefühlt haben, möchten Sie vielleicht hier Ihre Gedanken und Erfahrungen notieren:**

# KAPITEL 6

# DAS FENSTER MIT DEM
# BLINDEN FLECK

oder

- warum jede/r von uns einen Blinden Fleck hat – die Frage ist nur, wie groß er jeweils ist

- wie Sie durch mehr Offenheit freier im Handeln werden können

- wie Rückmeldungen Sie beim Lernen unterstützen können

# DAS FENSTER MIT DEM BLINDEN FLECK

Dieses Kapitel handelt davon, wozu es gut sein kann, anderen mehr von sich zu zeigen. Oder auch zu fragen, welchen Eindruck jemand in einer bestimmten Situation von uns gehabt hat.

Jeder Mensch hat ein Selbstbild, das in engem Zusammenhang mit seinem Selbstbewusstsein steht. Unser Selbstbild entsteht im Laufe unserer Entwicklung durch die Reaktionen unserer Umgebung auf unser Verhalten und unsere Äußerungen sowie durch Bemerkungen anderer dazu.

Deshalb wird ein großer Teil unseres Verhaltens von Annahmen darüber bestimmt, was andere über uns denken. Solange uns keine präzisen Informationen über dieses „Fremdbild" zur Verfügung stehen, bleibt unklar, ob unsere Annahmen der Realität entsprechen oder nicht.

Beispiel:   *Wir geben uns in einem Gespräch betont sicher, weil wir vermuten, dass unser Gesprächspartner uns für unsicher hält. Tut er das aber gar nicht, wundert er sich vielleicht über unser Auftreten, das in seinen Augen dann zu dominant ist.*

Je mehr Informationen Kommunikationspartner von sich zur Verfügung stellen, desto einfacher wird der Umgang miteinander. Aber den eigentlichen Gesprächsgegenstand darf man nicht aus den Augen verlieren.

Das Fenster mit dem blinden Fleck veranschaulicht an einem Modell, welche Informationen wir über uns und andere haben, und wie wir durch Geben und Einholen von Informationen den Raum einer sicheren Kommunikation vergrößern können.

Zur Veranschaulichung wird die zwischenmenschliche Kommunikation als Fenster mit vier Flügeln dargestellt:

1. Das erste Fenster zeigt den Bereich des freien Handelns. Er ergibt sich dadurch, dass bestimmte Fakten über die handelnde Person ihr selbst und dem anderen bekannt sind. Dadurch wird die Kommunikation gegen Missverständnisse abgesichert.

2. Das zweite Fenster gibt dem Modell seinen Namen, da es Informationen und Meinungen über die handelnde Person enthält, die ihr selbst nicht bekannt sind, aber dem Anderen: der Bereich des blinden Flecks.

## DAS FENSTER MIT DEM BLINDEN FLECK

| | **Informationen** über die handelnde Person, die **ihr selbst bekannt** sind | **Informationen** über die handelnde Person, die **ihr selbst NICHT bekannt** sind |
|---|---|---|
| **Informationen** über die handelnde Person, die **dem anderen bekannt** sind | **Bereich des freien Handelns** | **Bereich des blinden Flecks** |
| **Informationen** über die handelnde Person, die **dem anderen NICHT bekannt** sind | **Bereich des Verbergens** | **Bereich des Ungewussten** |

3. Das dritte Fenster enthält Informationen, die dem anderen im Moment vorenthalten werden – sei es durch Zuziehen eines Vorhangs oder Aufbau einer Fassade: der Bereich des Verbergens.

4. Im vierten Fenster findet sich alles, was weder die handelnde Person von sich weiß, noch der andere: der Bereich des Ungewussten.

→ **In der Realität sind die einzelnen Flügel unterschiedlich groß und durch die handelnden Personen veränderbar.**

→ **Ziel der Gesprächspartner ist es, den Bereich des freien Handelns (1. Flügel) jeweils so groß wie möglich zu machen.**

Dabei sind unterschiedliche Vorgehensweisen denkbar:
- Offenheit praktizieren: Indem Sie dem anderen mehr über sich, Ihre persönliche Situation oder Ihren beruflichen Handlungsrahmen mitteilen, vergrößern Sie den Raum Ihres freien Handelns und verkleinern Ihre Fassade. Ihr Gegenüber erhält Informationen, die ihm das Verständnis erleichtern und seine Aufmerksamkeit wird nicht durch unnötige Spekulationen gebunden. Außerdem steigt Ihre Glaubwürdigkeit, da Ihr Gegenüber sich ein vollständigeres Bild von Ihnen machen kann, sozusagen mit „Tiefenschärfe" – im Gegensatz zur reinen Fassaden-Betrachtung.

- Feedback suchen: Indem Sie den anderen fragen, wie er Ihre Darstellung verstanden hat oder Sie als Person einschätzt, verkleinern Sie den Blinden Fleck und vergrößern so den Bereich des freien Handelns. Wenn Sie beispielsweise gemeinsam mit Ihrem Vorgesetzten eine Präsentation durchführen, hilft Ihnen sein anschließendes Feedback, Ihre Stärken bewusster wahrzunehmen und mögliche Mängel abbauen zu können.

Wichtig ist hierbei die Gegenseitigkeit von Offenheit und Feedback: Wenn Sie ständig nur über sich, Ihre Arbeit und Stellung sowie Einstellung zu verschiedenen Dingen reden, überfahren Sie den anderen. Wahrscheinlich zieht er sich zunehmend zurück und verschließt sich, da Sie sich in seinen Augen nur um sich selber drehen.

Wollen Sie dagegen ständig vom anderen Feedback erhalten, fühlt er sich über kurz oder lang ausgehorcht und gibt Ihnen immer weniger hilfreiche Informationen. Beides gilt für den beruflichen Bereich ebenso wie für den privaten: Die allermeisten Gesprächspartner möchten auch „vorkommen", um ihre Meinung oder Erfahrungen gebeten werden – jede/r will wichtig sein und ernst genommen werden. Das gilt besonders für Verhandlungen und Verkaufsgespräche. Einseitigkeit ist dem Ziel einer für beide Seiten zufriedenstellenden Lösung nicht dienlich.

Beispiel: *Sie haben den Eindruck, Ihr Gesprächspartner kann Sie nicht leiden, und das verunsichert Sie. In der Folge werden Sie in seinem Verhalten nach Beweisen für ihre Vermutung suchen, die Sie dank wachsender Überempfindlichkeit dann auch prompt finden werden (das heißt dann „selbsterfüllende Prophezeiung").*

*Wenden Sie statt dessen das Fenster mit dem blinden Fleck an, können Sie entweder Ihr Gegenüber direkt um ein Feedback bitten, oder vorher Ihre Fassade verkleinern, indem Sie in Worte fassen, dass Sie befürchten, den Gesprächspartner verärgert zu haben – und dann um seine Stellungnahme bitten.*

Grundsätzlich gilt, und zwar für jedes Kommunikationsverhalten, unabhängig vom theoretischen Hintergrund:

> **Die Verantwortung für eine Kommunikation,**
> **für Ihren Verlauf und ihre Ergebnisse, liegt immer**
> **bei der handelnden Person.**

## Praktische Übungen

❐ Das nächste Mal, wenn Sie in schlechter Verfassung ins Büro oder auf ein Fest gehen, lassen Sie Ihre Umwelt diese Tatsache nicht einfach spüren, sondern sagen kurz etwas dazu, zum Beispiel:

- „Mensch, hab ich heute schlecht geschlafen – ich bin überhaupt noch nicht richtig da."

- „Wundert euch nicht, wenn ich ein bisschen komisch aus der Wäsche gucke: Ich war gestern beim Zahnarzt, und mir tut heute noch alles weh."

- „Wir haben ein ernstes Problem in der Familie, das mich sehr beschäftigt."

| Datum | Was getan? | Ergebnis: | Wie weiter? |
|---|---|---|---|
| 23.11.2003 | Im Büro erstmals gesagt, dass es mir schlecht geht und warum | Statt der üblichen dummen Sprüche eher schweigendes Mitgefühl geerntet | Je nach Ursache werde ich das öfter tun – und bei Kollegen Interesse zeigen |
| | | | |
| | | | |
| | | | |
| | | | |

❐ Beobachten Sie ganz bewusst, welche Wirkung ein solches „Geständnis" auf Ihre Gesprächspartner und die Atmosphäre hat:
- • Wer reagiert offen, interessiert, anteilnehmend?

- • Wen irritiert solche Offenheit eher, sodass Sie Schweigen, Rückzug, Stammeln beim Gegenüber erleben?

| Datum | Was getan? | Ergebnis: | Wie weiter? |
|---|---|---|---|
| 15.12.2003 | Kollegen mit meiner neuesten Scheidungsgeschichte überrascht | Peinliches Schweigen, Erröten bei Katrin – komische Stimmung | Vorher überlegen, wen so ein Thema vielleicht selbst betrifft – Achtung! |
|  |  |  |  |
|  |  |  |  |
|  |  |  |  |
|  |  |  |  |

❐ Holen Sie sich nach einer für Sie interessanten Situation Rückmeldung von jemandem, der dabei war ohne selbst beteiligt
oder betroffen zu sein:

- Wie hat diese Person die Situation erlebt und wahrgenommen?

- Was ist ihr an Ihrem Verhalten aufgefallen?

| Datum | Was getan? | Ergebnis: | Wie weiter? |
|-------|-----------|-----------|-------------|
| 24.1.2004 | Nach meinem Bericht in der Teamsitzung Kollegin gefragt, was ihr wie aufgefallen ist | Sie fand mich viel ruhiger und souveräner als ich mich – allerdings fand sie meine Stimme zu leise | Lieber mehr lauteres Sprechen üben als an noch mehr Ruhe zu arbeiten |
| | | | |
| | | | |
| | | | |
| | | | |

❏ Überprüfen Sie, ob sich dieser Eindruck mit Ihrem eigenen deckt – und wo Sie womöglich Ihren „blinden Fleck" verkleinern können...

| Datum | Was getan? | Ergebnis: | Wie weiter? |
|---|---|---|---|
| 12.2.2004 | Mittlerweile andere um Rückmeldung wegen Souveränität gebeten | Ich wirke souverän – ich fühle mich nicht so (Anspruch unnötig hoch?) | Dran denken: Ich muss nicht perfekt sein – gut reicht meistens schon! |
| | | | |
| | | | |
| | | | |
| | | | |

**Falls Sie sich von den vorherigen Tabellen eingeengt gefühlt haben, notieren Sie hier Ihre Eindrücke und Erfahrungen – damit Sie wissen, wo Sie beim nächsten Mal ansetzen, was Sie beibehalten und was Sie ändern möchten:**

# KAPITEL 7

# REGELN ZUR RÜCKMELDUNG
# (FEEDBACK)

oder

- wie Sie positive und negative Kritik gekonnt an die Frau und den Mann bringen

- ohne sich zu verheddern und ohne zu verletzen und

- wie Sie selbst Kritik konstruktiv annehmen

# REGELN ZUR RÜCKMELDUNG (FEEDBACK)

Unter Rückmeldung oder Feedback versteht man in der Kommunikation den Vorgang, wenn einer Person irgendetwas an einer anderen aufgefallen ist und sie mit ihr darüber spricht.

Der Oberbegriff Feedback ist völlig neutral, so dass sich eine Rückmeldung ebenso auf den schicken neuen Schlips des Kollegen beziehen kann wie auf die zweideutige Bemerkung der Freundin, die sie gestern im Beisein Ihres Partners gemacht hat und über die Sie sich geärgert haben.

Je schwieriger das Verhältnis der Beteiligten und je heikler das Thema, desto wichtiger wird die Beachtung der folgenden Regeln. Denn im allgemeinen werden Sie sich nicht die Mühe machen, ein solches Gespräch zu führen, wenn Sie damit nicht etwas erreichen wollen, zum Beispiel eine Verhaltensänderung bei Ihrem Gegenüber. Damit Ihre Botschaft aber überhaupt ankommt, müssen Sie so weit wie möglich sicher stellen, dass Sie gehört und so verstanden werden, wie Sie es meinen.

**Wenn Sie jemandem Rückmeldung geben, sollten Sie...**

*...die Empfangsbereitschaft Ihres Gegenübers prüfen:*

Niemand, der eilig über den Flur hastet oder völlig im Stress ist, wird ein offenes, interessiertes Ohr (und Auge) für Ihr Anliegen haben. Am einfachsten ist ein aufmerksamer Blick Ihrerseits, und darauf aufbauend eine Frage oder Einladung:

- „Kann ich Sie einen Moment sprechen – mir ist in unserem gestrigen Gespräch etwas aufgefallen...?"

- „Ist das eine tolle Krawatte – verraten Sie mir, wo Sie die gefunden haben?"

- „Ich würde gern mit Ihnen über Ihre Präsentation vom Dienstag sprechen, aber jetzt wirken Sie eilig – wann können Sie sich eine halbe Stunde dafür nehmen?"

### ...Beobachtungen beschreiben und nicht Wertungen und Vermutungen vortragen:

Auch für Sie selbst ist es in der Vorbereitung eines solchen Gesprächs wichtig, sich klar zu machen, was genau Ihr Gegenüber getan oder gelassen hat.

Anstatt einfach zu behaupten „Sie waren gestern so unkonzentriert", sagen Sie besser: „Sie haben während unseres Gesprächs immer wieder...
- ... in Ihren Unterlagen geblättert."
- ... aus dem Fenster geguckt."
- ... mit Ihrer Nachbarin gesprochen."

Nur dann fühlt sich Ihr Gegenüber nicht angegriffen, sondern kann verstehen, von welchem Verhalten Sie genau reden. Die reine, trockene Beschreibung reicht hier völlig aus – Interpretationen und Wertungen stören und verletzen eher als zu erhellen.

### ...Ich-Botschaften senden:

Die meisten Menschen beginnen insbesondere Kritikgespräche mit einem Vorwurf, einer Schuldzuweisung aus der Reihe „Du bist...", „Immer machen Sie..." und ähnliches.

Ergebnis ist, dass beim Empfänger meist sofort „die Klappe runter geht", so dass alle weiteren Erklärungen und Wünsche nicht mehr ankommen, egal wie sorgfältig sie formuliert und wie gut sie gemeint sein mögen. Daher ist es besser, auch sprachlich beim einzigen zu bleiben, was Sie wirklich beurteilen können: Ihre eigenen Beobachtungen, Gedanken und Gefühle. Da heißt es dann:

- „Mir ist aufgefallen...",

- „Mir ist wichtig...",

- „Mich stört, wenn Sie... tun (nicht „sind"!!!)."

- „Ich frage mich..."

Die Wahrscheinlichkeit, dass Ihr Gegenüber sich angegriffen fühlt, sinkt durch diese Wortwahl enorm. Außerdem bleiben Sie in Ihren Angelegenheiten und stehen zu Ihren Wahrnehmungen und Reaktionen, statt Annahmen und Behauptungen über Ihr Gegenüber aufzustellen.

### ...sich möglichst direkt in oder kurz nach der gemeinten Situation äußern:

Das heißt, nicht ewig zu überlegen, ob diese „Kleinigkeit" es überhaupt wert ist, angesprochen zu werden – und sie dann „auf die große Rechnung" zu schreiben.

Ergebnis eines solchen Vorgehens ist meist, dass Menschen plötzlich mit Kritik konfrontiert werden, die sich auf Verhaltensweisen und Situationen beziehen, die mittlerweile Monate oder gar Jahre her sind. Entsprechend kann sich die kritisierte Person oft gar nicht mehr erinnern, worum es damals genau ging – geschweige denn, was sie sich bei ihrem Verhalten gedacht hat.

### ...darauf achten, dass kein Dritter dabei ist:

Dies gehört zu den wichtigsten Aspekten überhaupt: Tun Sie alles, was Ihrem Gegenüber einen Gesichtsverlust erspart! Nicht nur aus Rücksicht, sondern auch aus purem Eigeninteresse, denn niemand möchte gern vor anderen bloßgestellt werden. Selbst wenn es Ihnen gelingt, Ihre Kritik perfekt zu formulieren, wird sich Ihr Gegenüber angegriffen fühlen, wenn Sie das Gespräch vor Publikum führen.

### ...so formulieren, wie es Ihr Gegenüber auch tun könnte:

Verstecken Sie sich nicht hinter geschraubten Formulierungen oder gar Fremdworten: Je normaler Sie sprechen, desto echter bleiben und wirken Sie, und wenn Sie dann noch typische Formulierungen, Beispiele oder Bilder Ihres Gegenübers verwenden können, steigen die Chancen für eine gute Verständigung.

### ...konkrete Wünsche äußern:

Dies ist das „Sahnehäubchen" bei jeder Kritik. Sie kennen sicher Situationen, wo jemand lang und breit schildert, was ihm missfällt – aber er macht keinerlei Vorschläge, wie die Fehler ausgeräumt werden können. Überlegen Sie sich doch einmal, wie sich Ihrer Meinung nach diese Person künftig verhalten sollte, wenn es nach Ihren Wünschen und Vorstellungen ginge. Und diese Wünsche sollten Sie auch gleich aussprechen.

## Wenn Sie eine Rückmeldung erhalten, sollten Sie...

### ...prüfen und sagen, ob Sie grundsätzlich dazu bereit sind

### ...Aufmerksamkeit zeigen durch

- zugewandte Körperhaltung (die „Nase-Nabel-Linie" sollte Ihrem Gesprächspartner zugewandt sein)
- Blickkontakt
- Aufmerksamkeitsreaktionen wie gelegentliches (!) Nicken, „hm" und ähnliches

### ...aktiv zuhören, also zwischendurch in eigenen Worten kurz zusammenfassen und wiedergeben, was Sie vom bisher Gesagten wie verstanden haben; im Zweifelsfall nachfragen, was genau gemeint ist – welche Situation, welches Verhalten usw.

### ...sich zunächst nicht rechtfertigen, bis Ihr Gegenüber zum Schluss gekommen ist:

So bleibt Ihre aufmerksame Offenheit spürbar, unterstützt durch aktives Zuhören. Normalerweise neigen die meisten Menschen dazu, kritische Rückmeldungen frühzeitig mit Rechtfertigungen und Erklärungen abzuwehren, die der Sender noch gar nicht hören will.

Bei Rückmeldungsgesprächen im Arbeitsbereich, aber auch im Privaten, ist es sinnvoll, diese Hilfsregeln so abzuwandeln, dass dem Gegenüber bei einem „Kritikgespräch" evtl. schon frühzeitig Gelegenheit gegeben wird, durch zusätzliche Informationen mögliche Missverständnisse auszuräumen.

Konkret bedeutet das, nach der eigenen Schilderung des kritisierten Verhaltens den Mitarbeiter um seine Sichtweise zu bitten, was auch seine Aufmerksamkeit für das weitere Gespräch verbessern kann.

### ...entscheiden, welche Teile der Rückmeldung Sie annehmen wollen und welche nicht:

Beispiel: *Wenn Ihnen, die Sie kaum ein Wort in Gruppen raus bringen, vorgeworfen wird, Sie seien eine Quasselstrippe, oder – sachlicher – Ihre Dauerbeiträge in Gruppengesprächen seien nicht erwünscht, werden Sie sich diesen „Schuh" nicht anziehen. Statt dessen sollten Sie Ihr Gegenüber fragen, ob er wirklich von Ihnen spricht oder Sie womöglich verwechselt.*

Und hier noch mal die Kurzfassung:

### Wenn Sie jemandem Rückmeldung geben, sollten Sie...

- die Empfangsbereitschaft Ihres Gegenübers prüfen
- Beobachtungen beschreiben statt Wertungen und Vermutungen vorzutragen
- Ich-Botschaften senden
- sich möglichst direkt in oder kurz nach der gemeinten Situation äußern
- sicherstellen, dass kein Dritter dabei ist
- so formulieren, wie es Ihr Gegenüber auch tun könnte
- konkrete Wünsche äußern

### Wenn Sie eine Rückmeldung erhalten, sollten Sie...

- prüfen und sagen, ob Sie grundsätzlich dazu bereit sind
- Aufmerksamkeit zeigen
- aktiv zuhören
- sich zunächst nicht rechtfertigen, bis Ihr Gegenüber zum Schluss gekommen ist
- entscheiden, welche Teile der Rückmeldung Sie annehmen wollen und welche nicht
- überlegen, ob und inwiefern Sie Ihr Verhalten daraufhin verändern möchten

## Praktische Übungen

❐ Wenn Sie das nächste Mal über jemanden denken, „die/der ist aber schlampig/unsympathisch/unverbindlich", versuchen Sie für sich herauszufinden, was genau dieser Mensch tut oder lässt. Was genau hat Sie zu dieser Einschätzung veranlasst?

| Datum | Was getan? | Ergebnis: | Wie weiter? |
|-------|------------|-----------|-------------|
| 17.1.04 | Harald „unzuverlässig" gefunden- und festgestellt, dass er nicht zugesagt hatte, um 19 Uhr zu Hause zu sein | Nicht ER ist unzuverlässig, sondern wir BEIDE haben uns nicht sauber abgesprochen | Bevor ich jemanden angreife, genau überlegen wer was getan hat – und dann entscheiden |
|  |  |  |  |
|  |  |  |  |
|  |  |  |  |

❐ Sprechen Sie mit Freunden, Bekannten und Kollegen spaßes-
halber mal darüber, was die einzelnen unter bestimmten
Adjektiven verstehen: Was ist
• pingelig
• chaotisch
• unkollegial
• zuverlässig
• ...
• ...

| Datum | Was getan? | Ergebnis: | Wie weiter? |
|-------|-----------|-----------|-------------|
| 13.4.04 | Spannende Diskussion mit Freunden: Was ist „verlogen"? | – absichtlich Fakten verdrehen<br>– Infos unterschlagen<br>– heimtückisch<br>– hinterrücks Dinge tun | Am besten: NIE solche Etiketten verwenden, sondern IMMER beschreiben, was ich beobachtet/erlebt habe |
| | | | |
| | | | |
| | | | |
| | | | |

Sie werden höchstwahrscheinlich die Erfahrung machen, dass
verschiedene Menschen die gleichen Vokabeln benutzen – in der
irrigen Annahme, dass alle das gleiche darunter verstehen! Gön-
nen Sie sich und der Runde abschließend einen Blick ins Lexikon,
was ursprünglich mit dem Wort gemeint war.

❐ Für Fortgeschrittene: Probieren Sie die Hilfsregeln zur Rückmeldung mit vertrauten Menschen aus. Überprüfen Sie, welche Teile Ihnen leichter fallen und welche schwerer (Übungs-
bedarf!) und besprechen Sie Ihre Eindrücke im Idealfall mit
Ihrem Gegenüber.

| Datum | Was getan? | Ergebnis: | Wie weiter? |
|-------|------------|-----------|-------------|
| 19.6.04 | Freundin gesagt, dass ich in letzter Zeit immer zu ihr kommen musste – obwohl ich auch so wenig Zeit habe (früher hätte ich gesagt: „Egoistin!") | Erstaunen: Sie dachte, ich komme gern, wegen ihres tollen Latte Macchiato | Die Richtung stimmt – nächster Versuch bei fremderem Menschen?!? |
| | | | |
| | | | |
| | | | |
| | | | |

**Falls Sie sich von den obigen Tabellen zu sehr eingeschränkt fühlen, notieren Sie hier Ihre Eindrücke und Erfahrungen – damit Sie wissen, was Sie beim nächsten Mal wie (anders?) machen wollen:**

# KAPITEL 8

# JEDE NACHRICHT HAT VIER SEITEN

oder

- welche verschiedenen Aussagen
  in nur einem Satz stecken können

- wie Sie andere besser verstehen, in dem Sie
  alle vier Ohren einsetzen

- warum es so wichtig ist, was jemand
  über sich selbst sagt

# JEDE NACHRICHT HAT VIER SEITEN

Stellen Sie sich vor, ein Chef namens Herr Top sagt zu seiner Sekretärin, Frau Tipp:

**„Die Kaffeekanne ist leer!"**

Was, glauben Sie, passiert daraufhin?

Wahrscheinlich steht Frau Tipp auf und kocht neuen Kaffee – eigentlich doch merkwürdig, wenn man bedenkt, dass Herr Top davon nichts gesagt hat, oder?

Der Wortlaut seiner Äußerung stellt lediglich die Tatsache fest, dass in der Kanne kein Kaffee ist: Das ist die Inhaltsseite der Nachricht. Wahrscheinlich aber ist das Verhalten von Frau Tipp stark beeinflusst von der Beziehung, die sie zum Sprecher hat. Herr Top ist ihr Chef und hält sich daher für berechtigt, seine Sekretärin auf diesen Mangel aufmerksam zu machen: Das ist die Beziehungsseite der Nachricht.

Außerdem teilt der Chef über die Selbstoffenbarungsseite noch mit, dass er nicht mehr zu tun gedenkt, als Frau Tipp auf diesen Missstand aufmerksam zu machen: Wollte er neuen Kaffee kochen, brauchte er die leere Kanne ja nicht zu erwähnen.

Letztendlich wird Frau Tipp aber auf die Appellseite der Nachricht reagieren, d.h. übersetzt: Wenn Herr Top seiner Sekretärin solche Mitteilungen macht wie im obigen Beispiel, ist das seine Art, sie zum Handeln zu bewegen, also neuen Kaffee zu kochen.

Rein theoretisch gibt es für Frau Tipp mehrere Reaktionsmöglichkeiten, je nachdem, welche Seite dieses Satzes sie hört:

- Unwahrscheinlich ist, dass sie nur mit ihrem Inhaltsohr hört, nämlich dass in der Kanne kein Kaffee mehr ist – und einfach nur zustimmt, indem sie „ja" sagt.

- Ebenso wird sie im Normalfall diese Anmerkung nicht nur mit ihrem Beziehungsohr hören und ein Gespräch über die Beziehung zwischen ihr und Herrn Top einleiten, indem sie womöglich rückfragt: „Und warum sagen Sie mir das?"

- Würde ihr Chef sie normalerweise in einem solchen Fall direkt fragen, ob sie bitte neuen Kaffee kocht, könnte Frau Tipp in obigem Beispiel eventuell fragen: „Ist das schlimm für Sie?", ohne dass es sofort als Anmaßung aufgefasst würde. In einem solchen Fall würde ihr Selbstoffenbarungsohr verstärkt zum Einsatz kommen.

- Mit größter Wahrscheinlichkeit wird Frau Tipp jedoch Äußerungen ihres Chefs mit ihrem „Appellohr" hören und reagieren, indem sie neuen Kaffee kocht.

Auf welcher Seite jemand bevorzugt sendet oder empfängt, hängt neben Situationsfaktoren auch von seiner oder ihrer persönlichen Geschichte ab.

Auch die Grundeinstellungen gegenüber Menschen zeigen hier direkt Wirkung: Jemand mit einer „ich bin nicht o.k."-Einstellung wird sich leichter angegriffen fühlen als jemand mit einer „ich bin o.k.-Einstellung".

Frau Tipp aus unserem Beispiel ist in ihrem Leben selten direkt gebeten oder aufgefordert worden, etwas zu tun oder zu lassen. Ihre Eltern ließen sie gewöhnlich durch scheinbar unwichtige Nebensätze wissen, was sie von ihr wollten. Daher käme Frau Tipp nie auf die Idee, auf die obige Bemerkung zum Thema Kaffee nicht durch Aufbrühen einer frischen Kanne zu reagieren: Ihr Appellohr ist eben besonders ausgeprägt.

Aus diesem Beispiel lassen sich mehrere wichtige Aspekte von Kommunikation ableiten und festhalten:

→ Nicht nur hat jede Nachricht die vier Seiten (Inhaltsebene, Selbstoffenbarung, Beziehungsebene und Appell) auf der Senderseite, auch der Empfänger hat dieselben vier Möglichkeiten („Ohren"), zu hören – und entsprechend zu reagieren.

→ Eine der vier Seiten ist meist bedeutsamer als die übrigen drei – sowohl beim Sender als auch beim Empfänger.

→ Welche Seite der Nachricht jemand bevorzugt, ist Folge seiner oder ihrer persönlichen Geschichte. Die Erziehung, der Familienstil, aber auch andere Erfahrungen haben meist zur besonderen Ausprägung eines Ohrs geführt.

→ Jede Mitteilung ist in dem Zusammenhang zu sehen, in dem sie gemacht wurde.

## DIE VIER SEITEN EINER NACHRICHT

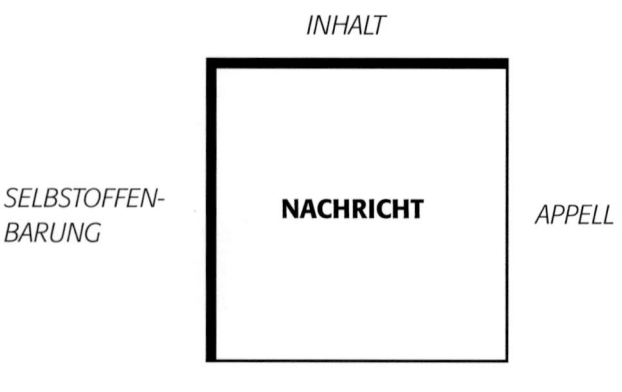

| | |
|---|---|
| **Inhalt** | Worüber ich informiere |
| **Appell** | Wozu ich dich veranlassen möchte |
| **Selbstoffenbarung** | Was ich über mich selbst mitteile |
| **Beziehung** | Wie wir – meiner Einschätzung nach – zu einander stehen und was ich von dir halte |

Die Informationen auf der Beziehungsseite erweisen sich immer wieder als besonders konfliktreich. Das hängt damit zusammen, dass Sender und Empfänger sowohl ihre eigene Stellung als auch ihre Beziehung zu einander häufig unterschiedlich einschätzen.

Beispiel: *A und B stehen hinsichtlich ihrer Stellenbeschreibung und Bezahlung auf derselben Ebene.*

*A fühlt sich jedoch wegen seiner kürzeren Berufserfahrung unsicher und will sich beweisen – auch B gegenüber.*

*Dieser dagegen ist besonders stolz auf seine Hilfsbereitschaft und Teamfähigkeit, die real aber mehr mit „eine Hand wäscht die andere" zu tun hat.*

Hier ist reichlich Konfliktstoff vorhanden, zumal Gefühle von Unter- und Überlegenheit im allgemeinen nicht direkt genannt werden, sondern über scheinbar sachliche Informationen gesendet werden. Der Empfänger merkt meist intuitiv, dass an der Nachricht irgend etwas „stinkt", ohne es benennen zu können:

Gegen die rein inhaltliche Information ist eigentlich nichts einzuwenden, aber da schwingt noch etwas anderes mit, neben einer möglichen Selbstaussage und einem Appell die Aussage auf der Beziehungsseite nämlich.

Beispiel: *Dienstag Mittag: A und B sitzen sich an ihren Schreibtischen gegenüber. A nimmt Blickkontakt zu B auf und sagt:*

**„Diese Ausschreibung muss noch formuliert werden."**

Und hier sehen Sie, was A auf den vier Seiten meinen könnte – und was B mit seinen vier Ohren womöglich hört:

| Gespro-chen | „Diese Ausschreibung muss noch formuliert werden" | „Diese Ausschreibung muss noch formuliert werden" |
|---|---|---|
| Seite der Nachricht | **A meint vielleicht:** | **B versteht womöglich:** |
| Inhalt | Die Ausschreibung ist noch zu erstellen. | Hier ist eine Aufgabe neu zu verteilen. |
| Selbst-offen-barung | Ich fühle mich dafür verantwortlich. | A hat Land-unter! |
| Appell | Lassen Sie mich in Ruhe arbeiten! | Nimm's mir ab, B! |
| Beziehung | A glaubt, B immer auf dem laufenden halten zu sollen, weil B „die Verantwortung trägt". | Wir sitzen beide in einem Boot und teilen die Aufgaben unter uns auf. |

B könnte super-kooperativ und bestens Willens sein und zum Beispiel antworten:

**„Ist vielleicht besser, wenn ich diese Ausschreibung formuliere."**

– und das in der Annahme, genau das zu sagen und zu tun, was sein Gegenüber von ihm erwartet.

Und wieder ergeben sich ganz unterschiedliche Möglichkeiten: Sowohl im Hinblick auf das, was B auf den vier Seiten meinen könnte, als auch auf das, was in den vier Ohren seines Gegenüber ankommen mag:

| Gespro- chen | „Ist vielleicht besser, wenn ich diese Aus- schreibung formuliere." | „Ist vielleicht besser, wenn ich diese Aus- schreibung formuliere." |
|---|---|---|
| Seite der Nachricht | **B meint vielleicht:** | **A versteht womöglich:** |
| Inhalt | Ich übernehme die Aufgabe. | Es ist wohl besser, wenn ich, B, diese Aufgabe übernehme. |
| Selbst- offen- barung | Ich bin ein toller Kollege, weil ich für dich einspringe. | Ich, B, bin einfach besser. |
| Appell | Sei dankbar, A! | Gib deine Schwäche zu, A, und lass mich das machen! |
| Beziehung | Diesmal helfe ich A, bei anderer Gelegenheit kann ich die Unterstüt- zung von A erwarten. | B vertraut mir nicht, wir stehen nicht auf einer Seite. |

Und so wird aus einer beiläufigen „Statusmeldung" ein Problem: Wenn weiter nichts besprochen wird, werden A und B parallel an der Ausschreibung arbeiten. A fühlt sich gekränkt und heraus- gefordert, während B Dankbarkeit und eine freundliche Reaktion für die Übernahme der Arbeit erwartet!

Einerseits kann Verständigung also ganz schnell daneben gehen, andererseits funktioniert Kommunikation (erstaunlicherweise) im Normalfall. Welche Möglichkeiten gibt es denn nun, Kommunika- tion sicherer zu machen, insbesondere, „wenn's drauf ankommt"?

Der Kommunikationsprozess verläuft nur dann glatt, wenn beim Empfänger wirklich das ankommt, was der Sender mitteilen wollte, auch wenn der Inhalt, wie im obigen Beispiel, konflikthaft sein mag.

Wenn Sender und Empfänger auf „verschiedene Frequenzen" eingestellt sind, bricht der Kontakt ab und es entsteht eine Kommunikationsstörung. Dadurch wird auch die Verständigung über die einfachsten Sachinhalte unmöglich.

Häufig unterlaufen uns solche Kommunikationsstörungen ungewollt. Wir merken dann, dass unser Gegenüber nicht mehr bei der Sache ist und wir ihn nicht mehr erreichen können.

Mögliche Ursachen hierfür sind u.a.:

- der Empfänger hat die vier Seiten anders gewichtet als von uns beabsichtigt und daher etwas ganz anderes verstanden, als wir senden wollten
- der Empfänger ist durch irgendeinen Umstand abgelenkt, sei es in der Situation oder in seinen Gedanken, z.B. durch eine andere, schwierige Aufgabe
- wir drücken uns als Sender kompliziert, geschraubt, verklausuliert aus anstatt direkt zu sagen, worum es geht
- der Empfänger hat sich bei einem bestimmten Wort „aufgehängt", d.h. denkt noch über einen früheren Punkt unserer Rede nach und hat gar keine Kapazitäten für weitere Informationen frei

Wenn Sie also feststellen, dass Sie den Kontakt zu ihrem Gegen-über im Laufe des Gesprächs verloren haben, nützt es nichts, einfach weiter zu reden, womöglich immer mehr, schneller und lauter.

Im Interesse der Verständigung ist es besser, das „eigentliche" Thema möglichst bald zu verlassen und die Störung anzu-sprechen, anstatt sich zunehmend zu ärgern. Das wäre eine so genannte „Meta-Kommunikation", das heißt: Wir reden darüber, wie wir mit einander reden und umgehen.

Nur dann ist es möglich, etwa festzustellen, dass Sie den Eindruck haben, der Empfänger habe sich irgendwo unterwegs in einen Gedanken verbissen, ohne dass es herablassend oder verletzend wirkt. (Wenn Sie mögen, vergleichen Sie hierzu das Kapitel „Kon-struktives Verhalten in Gruppendiskussionen", besonders den Punkt „Störungen haben Vorrang".)

Im Vorfeld können Sie solche Missverständnisse vermeiden, indem Sie z.B. nicht einfach einen kurzen Satz in den Raum stel-len und Ihrem Empfänger die Wahl lassen, welche der vier Seiten er oder sie denn nun bevorzugt hören will, um darauf zu reagie-ren. Diese Wahl hat er grundsätzlich sowieso immer, denn: „Ent-scheidend ist nicht, was A sagt, sondern was bei B ankommt"!

 Statt dessen können Sie Ihre Aussa-ge von vornherein explizit auf eine der vier Seiten beziehen, wie Sie auch bei den folgenden Umset-zungsvorschlägen sehen werden.

## Praktische Übungen

❏ Wenn Sie etwas über sich sagen wollen (Selbstoffenbarung), können Sie Ich-Aussagen einsetzen und damit deutlich machen, worum es Ihnen geht, welchen Eindruck, welches Gefühl Sie haben. Solche Äußerungen rufen erfahrungsgemäß – ähnlich wie Fragen – deutlich weniger Ärger und Widerstände hervor als vermeintliche Behauptungen über den Gesprächspartner.

| Datum | Was getan? | Ergebnis: | Wie weiter? |
|---|---|---|---|
| 16.5.04 | Statt „ganz schön viel heute" gesagt „ich fühl mich überfordert" | Kollege hat viel hilfsbereiter reagiert als bisher immer | Scheinbare Sachaussagen deutlicher in Selbstaussagen, Appelle oder Beziehungskommentare verwandeln |
| | | | |
| | | | |
| | | | |
| | | | |

❐ Wenn Sie sich wirklich über das Verhältnis zu einem Kollegen äußern möchten, sollten Sie es direkt tun (Beziehungsaspekt) und nicht mit Umweg über eine scheinbare Sachaussage. Dadurch vermeiden Sie, dass der Kollege in Ihre Äußerung eine „schiefe" Beziehungsdefinition hinein interpretiert, wie im Beispiel vorhin.

| Datum | Was getan? | Ergebnis: | Wie weiter? |
|---|---|---|---|
| 28.9.04 | Sven gefragt, ob ich ihm was getan habe – weil er so ernst mir gegenüber ist | Sofortige Klärung: Er ist nur in Gedanken – hat nix mit mir zu tun | Diese Erleichterung gönne ich mir künftig öfter, wenn ich unsicher bin, ob in einem Verhältnis was nicht stimmt: direkt ansprechen! |
| | | | |
| | | | |
| | | | |
| | | | |

❐ Wenn Sie jemanden zu einer bestimmten Handlung veranlassen möchten (Appell), sind Sie auch mit einer direkten Aufforderung zur Erfüllung Ihres Wunsches meist erfolgreicher, als wenn Sie Ihren Empfänger die Deutung der vier Seiten überlassen. So hätte z.B. Frau Tipp auf die Bemerkung zur leeren Kaffeekanne auch reagieren können, in dem sie die Kanne – in bester Absicht – wegräumt und spült, statt sie zu füllen, wie von Herrn Top gewünscht.

| Datum | Was getan? | Ergebnis: | Wie weiter? |
|---|---|---|---|
| 6.2.04 | Meine Tochter direkt gebeten, die Tür hinter sich zu zu machen | Das Kind hat die Tür zu gemacht – ohne blöden Kommentar | Nur zu sagen „es zieht", hilft niemandem weiter – weder mir noch meiner Tochter, die nur ahnen kann, was ich von ihr will |
|  |  |  |  |
|  |  |  |  |
|  |  |  |  |
|  |  |  |  |

**Falls Sie sich von den vorherigen Tabellen zu sehr eingeschränkt fühlen, notieren Sie doch hier Ihre Erfahrungen und Eindrücke – damit Sie wissen, wo Sie beim nächsten Mal ansetzen, was Sie beibehalten und was Sie ändern möchten:**

# KAPITEL 9

# UMGANG MIT SCHWIERIGEN GESPRÄCHSSITUATIONEN

oder

- warum wir uns nicht provozieren lassen sollten

- wie wir Angriffe parieren können,
  ohne schlagfertig zu sein

- wie aus Gegnern Partner werden können

## UMGANG MIT SCHWIERIGEN GESPRÄCHSSITUATIONEN

Indem wir unser eigenes Verhalten bewusst steuern und verändern, können wir Einfluss auf das Verhalten des Kontrahenten nehmen.

Denn so, wie man zum Tanzen zwei Personen braucht, benötigt auch ein schwieriges Gespräch, eine Auseinandersetzung, ein Streit mindestens zwei Mitspieler, die bestimmte Regeln befolgen. Diese „Spielregeln" bewusst zu missachten, indem wir andere Verhaltensweisen zeigen als gemeinhin erwartet wird, bildet die Grundlage zur Überwindung von Verständigungs- und Kooperationsbarrieren.

Im folgenden finden Sie eine Zusammenstellung von möglichen Verhaltensweisen, die drei Kategorien zugeordnet sind:

**1. Wir enthalten uns der gewünschten Reaktion**

**2. Wir wechseln die Seite**

**3. Wir ändern das Spiel**

### *1. Wir enthalten uns der gewünschten Reaktion*

Das bedeutet, dass wir uns abgewöhnen, immer gleich auf alles zu reagieren, was jemand anders sagt oder tut. Sie können sich diesen Vorgang bildlich vorstellen als „die persönliche Pausentaste drücken" oder „auf den Balkon gehen", natürlich nur geistig.

Gemeint ist damit immer dasselbe: Auf Abstand gehen, sich gedanklich über die Situation stellen, wenn wir merken, dass wir uns provoziert oder angegriffen fühlen. In solchen Momenten sind wir nämlich weit entfernt von sachgerechtem, zielorientiertem Verhalten.

Stattdessen reagieren unsere Urinstinkte für Stresssituationen, die uns auf Angriff oder Flucht programmieren – keine guten Voraussetzungen, um unser Fachwissen und unseren Ideenreichtum für Problemlösungen zur Anwendung zu bringen!

*Woran merken Sie, wann Sie besonders aufpassen müssen, nicht vorschnell zu reagieren?*

Körperliche Signale sind die ersten und besten, die uns darauf hinweisen, dass wir gerade unseren Abstand und damit an Objekti-

vität und Sachlichkeit verlieren: Schwitzen, Herzklopfen, Händezittern, Kopfschmerzen u.ä. können uns als Warnhinweise dienen.

Auch das Bewusstsein eigener Schwachstellen kann uns davor schützen, prompt „in die Falle zu tappen": Der eine reagiert hochempfindlich auf Kritik, die andere regt sich über Ironie oder vage Aussagen auf etc.

Wenn Sie wissen, worauf Sie emotional – und damit wahrscheinlich nicht im Interesse Ihres Ziels – reagieren, sind Sie vor solchen Reaktionen besser geschützt.

So können Sie sich vor Situationen, in denen Sie Angriffe kommen sehen, einen inneren Schutzschild vorstellen: eine durchsichtige Wand, durch die Sie das Gegenüber sehen und beobachten können, die aber gleichzeitig eine Grenze zwischen Ihnen und der angreifenden Person bildet. So trifft Sie die Bemerkung nicht unmittelbar, sondern kann – bildlich gesprochen – erst mal an Ihrem Schutzschild abprallen.

*Wie kann ich mich anstelle der erwarteten Reaktion verhalten?*

Wenn wir z.B. körperliche Warnhinweise bemerken, können wir statt der von der Gegenseite gewünschten Reaktion, z.B. einem Gegenangriff oder einer überstürzten Entscheidung unterschiedliche Wege einschlagen:

- Nichts sagen ist sicher die krasseste Variante, sich einer Reaktion zu enthalten, und fällt – wie oben schon angedeutet – manchmal überaus schwer, trotzdem: Häufig ist es wesentlich besser, dreimal tief durchzuatmen und vielleicht „aha" zu sagen, statt eine Reaktion zu liefern, die Sie bald bereuen.

- Die einfachste und fast immer und überall anwendbare Methode besteht in der so genannten „Zwei/Drei-Wort-Antwort", die im Grunde genommen keine ist, weil sie keine inhaltliche Erwiderung enthält. Beispiele sind „wie bitte?", „ach ja?", „meinen Sie?", „so so", „wenn Sie meinen" und ähnliches. Wir können uns äußern, ohne inhaltlich schlagfertig sein zu müssen oder Dinge zu sagen, die wir später bereuen könnten.

- Aufdecken und Benennen der Taktik der Gegenseite bedeutet hier, dass Sie bei sich denken „der will mich provozieren" (mich einschüchtern, mir drohen oder Angst machen etc.) – was den Erfolg der eingesetzten Taktik ziemlich schmälern dürfte. Entsprechend können Sie im Rahmen aktiven Zuhörens formulieren, dass „das klingt, als wollten Sie mir drohen – das meinen Sie doch nicht, oder?" – wenn Sie nicht mit einem klaren „Ja" rechnen müssen. Und selbst dann läge klar auf dem Tisch, womöglich vor Publikum, dass diese Person Ihnen explizit droht und sie sich hinterher nicht auf ein angebliches Missverständnis zurückziehen kann.

- Diskrepanzen erkennen und benennen bedeutet im Extrem, höflich einen „Lügner" zu entlarven, indem ich ihn darauf hinweise, in wie weit das gerade von ihm Gesagte von früheren Stellungnahmen oder Versprechen abweicht. Dabei werden Sie den Begriff „Lüge" und alles ähnliche vermeiden, um Beleidigungen auszuschließen – außerdem unterscheiden sich die Eindrücke verschiedener Seiten von derselben Situation fast immer.

  Hierzu sind schriftliche Notizen zu vorangegangenen Gesprächen – übrigens auch am Telefon! – äußerst hilfreich. Das Mitschreiben wichtiger Punkte während des Gesprächs sorgt darüber hinaus für häufige, kurze Auszeiten, während wir gleichzeitig dokumentieren, wie wichtig uns die Diskussion ist.

- Selbst bei spontanen Verbal-Angriffen außerhalb vereinbarter Gesprächstermine können Sie sich die Attacke wortlos notieren, um eventuell später darauf zurückzukommen – und nicht völlig baff da zu stehen.

- Genau so wortlos können Sie reagieren, indem Sie den Angriff ausschließlich mit Gesten quittieren: einem verschwörerischen Augenzwinkern, oder den anderen lächelnd ansehen oder auch anstarren, als sei er gerade vom Himmel gefallen und Ihnen eine soche Kreatur noch nie begegnet.

- Das Einlegen einer Pause kann bei allen Beteiligten positive Wirkungen zeigen: Abklingen möglicher Erregung, Erholung durch Frischluftzufuhr oder Bewegung bei Ermüdung etc.

- Grundsätzlich können im Rahmen von Besprechungen auch beide Seiten die Pause zur Beratung mit Kollegen und Vorgesetzten nutzen – in diesem Fall sollte die Pause allerdings nicht zu knapp angesetzt sein.

Das Argument der Beratung oder eines Informationsmangels kann auch vorgeschoben werden, wenn wir nicht offenbaren möchten, dass wir „einfach mal raus wollen" – und sei es, um nicht zu platzen.

- Ein unanfechtbarer Grund, den Raum zu verlassen, ist ein körperliches Drängen – echt oder scheinbar: Niemand wird es wagen, die Funktionen des Körpers zu diskutieren oder in Frage zu stellen – für den Notfall immer ein guter Grund für eine Auszeit.

- Zeit nehmen zum Überdenken wichtiger Entscheidungen: Auch wenn die andere Seite so tut, als sei jetzt doch wohl endlich eine Entscheidung fällig – wir allein beschließen, wann wir genug Informationen und Prüfungsmöglichkeiten für eine Entscheidung haben!

- Insbesondere bei absehbaren Gefühlsausbrüchen und beiderseitigem Interesse an einem konstruktiven Gesprächsverlauf kann man schon im Vorfeld vereinbaren, dass immer nur eine Partei sich aufregen und reden darf – die andere ist so lange

zur Zurückhaltung verpflichtet und beobachtet „vom Balkon aus", also aus der Distanz.

- Kurze Zusammenfassungen des bisher Gesagten erleichtern beiden Seiten den Wiedereinstieg in das Gespräch.
- Das gleiche gilt für das sogenannte „aktive Zuhören": Ich wiederhole mit eigenen Worten, was mein Gegenüber zuletzt gesagt hat. Außerdem können wir dadurch auch Zeit gewinnen und dafür sorgen, dass nicht zu viele Punkte nacheinander abgehakt oder gar vermischt werden. Hilfreich ist hierbei, keine Angst davor zu haben, womöglich etwas begriffsstutzig zu erscheinen – wir wissen selbst am besten, wozu wir das aktive Zuhören gerade einsetzen.

### 2. Wir wechseln die Seite

Wenn wir versuchen wollen, Gespräche möglichst konstruktiv und zielorientiert zu führen, kommen wir zunehmend weg vom Bild der Gegenseite, des Kontrahenten.

Stattdessen bewegen wir uns in Richtung einer konstruktiven und partnerschaftlichen Vorgehensweise mit dem Ziel, für alle Beteiligten möglichst viel zu erreichen – nicht nur für eine Seite, nämlich unsere.

Zu diesem Zweck können Sie z.B. an die Seite des Partners treten – sei es gedanklich, indem Sie sich die Situation aus seiner Perspektive ansehen, oder real, indem Sie sich mit Ihren zu behandelnden Unterlagen neben ihn setzen statt gegenüber.

Grundsätzlich gilt hier: Neben dem Partner ist der wertvollste, sicherste und konstruktivste Platz für Sie, denn

✓ hier sehen und erfahren Sie am meisten über den Partner und seine Situation

✓ es wird Ihrem Gegenüber wesentlich schwerer fallen, einen neben ihm befindlichen Partner anzugreifen als einen Gegner von der anderen Seite (des Tisches?)

✓ nebeneinander können wir viel besser gemeinsame, für alle Seiten zufriedenstellende Lösungen entwickeln

> Konstruktives Gesprächsverhalten bedeutet nicht, die eigenen Ziele und Interessen aus den Augen zu verlieren oder gar aufzugeben.
>
> Es hat nichts mit Schwäche oder Unterlegenheit zu tun, wenn Sie Anerkennung zeigen und Zustimmung aussprechen, sondern damit, zielorientierte Gespräche in einer guten Atmosphäre zu führen.

Eine weitere Methode, die mit Übung und Überlegung einzusetzen ist, besteht in der Zustimmung zu der unkontrollierten Bemerkung. Zum Beispiel können Sie sagen „wenn es Ihnen nützt, stimme ich Ihnen gern zu" oder „wenn Sie sich dann besser fühlen...". Sie zeigen sehr deutlich, dass Sie sich von der Attacke nicht aus der Ruhe bringen lassen – was allerdings ein jähzorniges Gegenüber zu weiteren Ausfällen veranlassen wird.

Schlauer und auch in Verhandlungssituationen gut einsetzbar, weil weniger provokativ, ist die bedingte Zustimmung, wo Sie gleichzeitig bei Ihrem Ziel und Wunsch bleiben: „ich kann verstehen, dass Sie das so sehen – und trotzdem möchte ich..." oder „aus Ihrer Sicht mag das so aussehen, und dennoch ist mir wichtig, dass..."

### 3. Wir ändern das Spiel

Mit dieser etwas fremdartigen Umschreibung ist gemeint, sich vom „Normskript" für ein schwieriges Gespräch zu entfernen, in dem unausgesprochen festgelegt ist, wer welche Rolle zu spielen hat, mit welchen Nuancen etc.

Das kann z.B. bedeuten, dass Sie eine vorgeschlagene Lösung nicht einfach akzeptieren oder ablehnen, sondern Ihren Gesprächspartner fragen, warum bestimmte Aspekte für ihn wichtig sind (Interessen statt Positionen) oder ob er dieses Angebot an Ihrer Stelle annehmen würde. Dazu kann auch gehören, gemeinsame Spielregeln zu vereinbaren, nach dem Motto „Sie sind doch auch an einem guten Ergebnis interessiert – Beleidigungen helfen uns dabei nicht weiter" oder „lassen Sie uns besprechen, wie wir diesen Punkt am besten gemeinsam klären können".

*Wichtig ist hierbei,*

• Ihre Fragen ebenso respektvoll wie erkenntnisfördernd zu formulieren: z.B. mittels aktivem Zuhören einzuleiten und dann auf den Aspekt zu kommen, den Sie bisher nicht ausreichend verstehen; dann regen offene, präzise formulierte Fragen das Gegenüber zum Nachdenken an und vermeiden ein promptes „Nein".

• Interessen der Gesprächspartner in Worte zu fassen und um Richtigstellung zu bitten – hierzu kann manchmal gehören, vorab zumindest einen Teil Ihrer eigenen Interessen transparent zu machen.

• neue Möglichkeiten zu eröffnen und zum Durchspielen einzuladen: Mit Formulierungen wie „was ist/wäre, wenn..." oder „nehmen wir einmal diesen Vorschlag und entwickeln daraus neue Ideen" können Sie festgefahrene Gedankenschienen verlassen und den Gesprächspartner dazu anregen, bei der Verwirklichung der Interessen beider Seiten mitzuwirken

• die Gegenseite um Rat zu fragen: „Was würden Sie an meiner Stelle tun?" oder „welche Vorteile bringt dieser Vorschlag für mich?" hält die Diskussion lebendig und liefert Argumente

• sich manchmal dumm oder taub zu stellen oder einen Angriff als Witz zu behandeln (indem Sie etwa laut drüber lachen, was

Ihnen hinter Ihrem Schutzschild deutlich leichter fallen wird als wenn es Sie „voll erwischt" hat) – hier entscheidet wieder Ihre unter Punkt 1 beschriebene Fähigkeit, „auf den Balkon zu gehen" oder „Ihre innere Pausentaste zu drücken" über die Erfolgsaussichten: Nur wenn Sie sich echt und überzeugend verhalten, erzielen Sie die gewünschte Wirkung.

Ähnlich wirkt es, wenn Sie auf den Angriff mit einem totalen Themenwechsel reagieren und diesen als völlig passend und selbstverständlich hinstellen, nach dem Motto „à propos: Die Obstpreise werden doch auch immer ungeheuerlicher, finden Sie nicht auch?" oder „wo wir gerade dabei sind: langsam kann ich die ganzen Diät- und Light-Produkte nicht mehr sehen..." – und das in einem Gespräch etwa über eine Bauabnahme.

Genau so verwirrend ist es, wenn Sie den Angriff mit einem Sprichwort parieren, das überhaupt nicht zum Thema passt, zum Beispiel sagen Sie auf die Bemerkung „da kommt das Matriarchat!" leise lächelnd oder auch mit ernstem Kopfnicken „ja, wie meine Oma schon sagte: eine Schwalbe macht noch keinen Sommer" oder „der Krug geht so lange zum Brunnen, bis er bricht". Diese Technik hat den unschätzbaren Vorteil, dass Ihr Gegenüber nicht nur gänzlich verwirrt sein wird, sondern höchstwahrscheinlich anfängt, über den Zusammenhang zwischen Attacke und Sprichwort nachzudenken. Darin sollten Sie ihn ruhig bestärken, nach dem Motto „ich hab auch lange gebraucht, bis ich das verstanden habe..."

Grundsätzlich gilt: Welche Technik Sie auch immer für sich aussuchen und einsetzen wollen – ÜBUNG MACHT DEN MEISTER!!! Nutzen Sie unschädliche und ungefährliche Situationen als Übungsplatz – beim Einkaufen, im Bus, an der Tankstelle, auf der Straße, im Urlaub, zu Hause, bei Flachsereien unter Freunden. Und wenn Sie sich wohl und sicher mit der neuen Technik fühlen – und erst dann –, setzen Sie Ihre neuen Reaktionen auch in Ihren persönlichen Ernstfällen ein – sei es im Büro, bei Verhandlungen oder im Privatleben.

Je mehr Techniken Sie sich aneignen, ausprobieren und parat haben, um so größer wird Ihre Flexibilität im Umgang mit schwierigen Gesprächssituationen.

Eine Bemerkung zum Schluss: Es gibt Menschen und Zustände, wo leider alle Verständigungsversuche scheitern werden, bei solchen Personen sollten wir es gar nicht erst versuchen.

Darunter fallen Personen unter Alkohol oder Drogen ebenso wie psychisch Kranke, also:

## Wenn Ihnen Ihr Gegenüber

- überdurchschnittlich merkwürdig vorkommt,
- unzurechnungsfähig oder
- nicht ansprechbar erscheint oder
- auf Sie gefährlich wirkt,

machen Sie bitte keine Experimente, sondern lösen sich aus der Situation und bringen sich – im weitesten Sinne des Wortes – in Sicherheit.

## Praktische Übungen

☐ In der nächsten – nicht wirklich wichtigen! – Gesprächssituation, in der Sie am liebsten aus der Haut fahren möchten, atmen Sie statt dessen bewusst tief und gleichmäßig weiter und halten den Mund.

Gleichzeitig beobachten Sie:

• Was passiert in Ihnen, während Sie schweigen?
• Was geschieht mit der schwierigen Situation?
• Wie verhalten sich die übrigen Beteiligten?

| Datum | Was getan? | Ergebnis: | Wie weiter? |
|---|---|---|---|
| 26.4.04 | Während Auseinander-setzung geschwiegen | Herzklopfen gehabt – sonst nix passiert | ich muss nicht zu allem etwas sagen – auch wenn's schwer fällt manchmal |
| | | | |
| | | | |
| | | | |
| | | | |

❐ Wenn jemand Sie im Zweiergespräch provozieren will, steigen Sie nicht darauf ein, sondern probieren eine der oben beschriebenen Reaktionsmöglichkeiten aus und beobachten, was passiert.

| Datum | Was getan? | Ergebnis: | Wie weiter? |
|---|---|---|---|
| 12.6.04 | Auf Angriff von Frank gefragt, ob er mich provozieren will | F. hat rumge-stammelt, ist rot geworden – ich hatte Herz-klopfen | Hilfreiches Überlegen, was hier eigentlich gerade passiert, beibehalten – unterstützt meinen Abstand! |
| | | | |
| | | | |
| | | | |
| | | | |

**Falls Sie sich von den Tabellen oben eingeschränkt fühlen:**
Notieren Sie doch hier Ihre Erfahrungen und Eindrücke – damit
Sie wissen, wo Sie beim nächsten Mal ansetzen, was Sie
beibehalten und was Sie ändern möchten:

**Barker, Larry; Watson, Kittie:** *Ohren auf!* – Wie Sie durch richtiges zuhören Beziehungen verbessern und Missverständnisse vermeiden
mvg-Verlag, Landsberg am Lech 2001

**Berckhan, Barbara:** *Die etwas intelligentere Art, sich gegen dumme Sprüche zu wehren* – Selbstverteidigung mit Worten – ein Trainingsprogramm
Wilhelm Heyne Verlag, München 2001

**Berne, Eric:** *Spiele der Erwachsenen* – Psychologie der menschlichen Beziehungen
Rowohlt Taschenbuch Verlag, Reinbek bei Hamburg 1987

**Bozek, Philip:** *50 Ein-Minuten-Tips für erfolgreichere Kommunikation* – Techniken für effizientere Konferenzen, schriftliche Mitteilungen und Präsentationen
Wirtschaftsverlag Karl Ueberreuter, Wien 1992

**Cohn, Ruth:** *Von der Psychoanalyse zur themenzentrierten Interaktion*
Ernst Klett Verlag, Stuttgart 1975

**Czypionka, Stefan:** *Umgang mit schwierigen Partnern* – Erfolgreich kommunizieren mit Kunden, Mitarbeitern, Kollegen, Vorgesetzten u.a.m.
Wirtschaftsverlag Karl Ueberreuter, Wien 1993

**Foerster, Heinz von; Pörksen, Bernhard:** *Wahrheit ist die Erfindung eines Lügners* – Gespräche für Skeptiker
Carl-Auer-Systeme Verlag, Heidelberg 2003

**Gross, Stefan F.:** *Beziehungsintelligenz* – Talent und Brillanz im Umgang mit Menschen
Verlag Moderne Industrie, Landsberg / Lech 1997

**Hahn, Rolf-Michael; Stickel, Nicolai:** *Gut gefragt ist fast gewonnen* – Erfolgreiche Fragetechniken für Beruf und Privatleben
Rowohlt Taschenbuch Verlag, Reinbek bei Hamburg 2000

**Harris, Thomas A.:** *Ich bin o.k. du bist o.k.* – Wie wir uns selbst besser verstehen und unsere Einstellung zu anderen verändern können
Rowohlt Taschenbuch Verlag, Reinbek bei Hamburg 2001
**Holzheu, Harry:** *Gesprächspartner bewusst für sich gewinnen* –
Psychologie und Technik des partnerorientierten Verhaltens
ECON Taschenbuch Verlag, Düsseldorf 1992
**Holzheu, Harry:** *Wer nicht kommunizieren kann, hat keine Chance*
Econ Verlag, 1999, 148 Seiten
**Kirsten, Rainer E.; Müller-Schwarz, Joachim:** *Gruppen-Training* –
Ein Übungsbuch mit 59 Psychospielen, Trainingsaufgaben und Tests
Deutsche Verlags-Anstalt, Stuttgart 1973
**Kühne de Haan, Lelia:** *Ja, aber...* – Die heimliche Kraft alltäglicher Worte und wie man durch bewusstes Sprechen selbstbewusster wird
nymphenburger in der F.A. Herbig Verlagsbuchhandlung, München 2001
**Morris, Desmond:** *Bodytalk* – Körpersprache, Gesten und Gebärden
Wilhelm Heyne Verlag, München 1997
**Müller, Meike:** *Schlagfertig!* – Verbale Angriffe gekonnt abwehren
Falken Verlag, Niederhausen/Ts. 2000
**Müller, Reinhold:** *Du dumme Sau* – Von der Beschimpfung zum fairen Gespräch
AOL Verlag, Lichtenau 1998
**Schulz von Thun, Friedemann:** *Miteinander reden* – 1: Störungen und Klärungen; 2: Stile, Werte und Persönlichkeitsentwicklung
Rowohlt Taschenbuch Verlag, Reinbek bei Hamburg 1990
**Ury, William L.:** *Schwierige Verhandlungen* – Wie Sie sich mit unangenehmen Kontrahenten vorteilhaft einigen
Heyne Verlag München 1996
**Walther, George:** *Sag, was du meinst, und du bekommst, was du willst* – Mit Powertalking zum Erfolg
Econ Verlag, Düsseldorf und München 1998
**Watzlawick, Paul; Weakland, John H.; Fisch, Richard:** *Lösungen* –
Zur Theorie und Praxis menschlichen Wandels
Verlag Hans Huber, Bern 1974
**Weisbach, Christian-Rainer:** *Professionelle Gesprächsführung* – Ein praxisnahes Lese- und Übungsbuch
Verlag C.H. Beck, München 1999

# RAUM FÜR WEITERE NOTIZEN

**RAUM FÜR WEITERE NOTIZEN**